FRANZISKUSWEG
EVA GRUBER

WIDMUNG

Dieses Buch ist für
NAZ

MOTTO

VIELE WEGE FÜHREN ZU GOTT, EINER GEHT ÜBER DIE BERGE.
Altbischof Dr. Reinhold Stecher

EVA GRUBER

FRANZISKUSWEG
IMPRESSIONEN EINER PILGERREISE
AUF DEN SPUREN DES FRANZ VON ASSISI
IN UMBRIEN, LATIUM UND DER TOSKANA

MIT BEITRÄGEN VON
PATER ANTON ROTZETTER

TYROLIA-VERLAG · INNSBRUCK-WIEN

INHALT

VORWORT

So nah wie auf dem Foto war mir Franziskus am Beginn der Reise nicht! Er war mir sympathisch, aber mein Wunsch, wieder eine lange Fußreise und ein Buch daraus zu machen, war derart leidenschaftlich, dass mir „beinahe jedes Mittel recht war", um zu wiederholen, was mir so gefallen hatte: Ich war zwei Jahre zuvor tausend Kilometer gewandert, von Sevilla nach Santiago de Compostela. Diese Fußreise auf einem großen, stillen Jakobsweg, der „Via de la Plata", gehört zu den größten Schätzen meines Lebens. Tyrolia hatte meinen Bildband darüber publiziert. Also sprach ich Verlagsleiter Gottfried Kompatscher auf der Frankfurter Buchmesse an, ob er ein entsprechendes Projekt wisse.

Am selben Abend las ich in meinem Zimmer in Frankfurt im Wanderführer „Der Franziskusweg von La Verna über Gubbio und Assisi bis Rieti" von Angela Maria Seracchioli, den mir Gottfried Kompatscher mitgegeben hatte, und war nicht mehr zu bremsen. Bereits im November war ich in der Toskana und ging einen Teil des 350 Kilometer langen Weges – die Etappen 1 bis 8, von La Verna bis Gubbio. Im Frühling darauf wanderte ich dann die Etappen 9 bis 21, von Gubbio bis Poggio Bustone. Ich danke meiner Mutter Gritli Gruber für ihre Begleitungen im Campingauto. Nicht nur damit war sie auch bei diesem Projekt unersetzlich!

Auf dieser Fußreise haben sich meine Prioritäten verschoben: Anfangs hatte ich ganz konkrete Wünsche an den Weg. Natürlich war er anders. Das trat sukzessive ganz in den Hintergrund, Franziskus dagegen in den Vordergrund. Der Weg hat mich dem Heiligen so viel näher gebracht, als ich mir das je gedacht hätte. Am Ende des Weges wünschte ich mir, dass mein Buch zuerst eines ihm zu Ehren sein würde. Diese Annäherung erwuchs mir vermutlich primär aus dem Gehen. Es entspricht mir so, sinnlich spürbar, Natur-Räume gehend zu durchreisen. Daraus erwächst mir eine intensive Verbundenheit mit „allem". Gehen ist, wie Anselm Grün sagt, ein „Beten mit dem Körper". Der Kailash, der heilige Berg in Tibet, ist für mich in der Toskana.

Nach der Rückkehr begann das ganz andere, inspirierende Abenteuer: daraus ein Buch zu machen. Die Schreib-Zeit im Herbst war eine innerlich bewegte, äußerlich stabile: Ich ging kaum aus dem Zimmer, mich ganz auf das Buch konzentrierend. Das Layout wünschte ich mir „nach oben strebend", wie die Tafelbilder eines Altars. Auch musste es viele Eindrücke zeigen können und dennoch ruhig sein. Erzählen wollte ich zum einen über die physische Realität. Denn das ist der Boden, auf dem wir uns äußern, erleben, bewähren. Ihr möchte ich meinen Respekt erweisen und die äußeren Bedingungen, die reelle Beschaffenheit des Weges, des durchwanderten Landes mit vielen Besonderheiten vermitteln. Genauso wichtig ist aber die „innere Welt", das Seelische, Spirituelle, das parallel dazu abläuft. Um diese Fülle an inneren und äußeren Schätzen dieser Reise auf den Spuren des Franz von Assisi zu vermitteln, wurden dreihundert Fotografien und Informationen über Weg, Orte, Städte und Klöster sowie Erzählungen subjektiver Erlebnisse und innerer Eindrücke vereint mit Pater Rotzetters persönlichen Texten. Ich hoffe, dass das Buch Lust macht, Franziskus' Spuren zu folgen, physisch wie psychisch.

Dieses Buch ist für meinen Vater Naz Gruber, der die Berge liebt.

Wien und Gloggnitz, im Jänner 2012 Eva Gruber

DER LEBENSWEG DES FRANZ VON ASSISI

Auf dem Franziskusweg reiht sich eine Stätte, die in wichtiger Beziehung zu Franziskus steht, an die nächste (nachstehend kursiv gesetzt). Um ihre jeweilige Bedeutung im Kontext seines Lebens zu verstehen, sei hier eine Kurzbiografie vorangestellt. Die Essenz davon verdanke ich den Darstellungen in Gerard Pieter Freemans ausgezeichnetem Reisebegleiter zu Franziskanischen Stätten, „Franziskus, ein Sohn Umbriens" (S. 13–17).

Zu Franziskus' Lebenszeit (1181/82–1226) war die höfische Kultur auf ihrer Blüte, gab es einen Wirtschaftsaufschwung, einen Anstieg der Bevölkerungszahl und noch viel mehr der Armut. Es gab jede Menge politischen Sprengstoff. Es war eine Phase voller sozialer Konflikte, innerstädtischer Machtkämpfe und zahlreicher Kleinkriege. Als Franziskus etwa siebzehn Jahre alt war, übernahm der Papst die Herrschaft in Mittelitalien, aber die Bürger riefen die Freiheit der Stadt (Kommune) aus und wandten sich gegen den Adel.

Franziskus, der Sohn eines reichen Tuchhändlers, war, so sind sich die Biografen einig, ein freigiebiger junger Mann, mit fröhlichem Naturell und der Natur eines Anführers. Er wollte Ritter oder Fürst werden. Als er zwanzig Jahre alt war, gab es Krieg gegen die Nachbarstadt Perugia. Franziskus zog mit in den Kampf und geriet dort 1202 in Gefangenschaft. Als er ein Jahr später entlassen wurde, war ihm die Lebensfreude abhandengekommen. Damit begann eine schwierige Zeit der Suche nach einem neuen Lebenssinn. 1205 brach er erneut auf, um sich als Ritter zu bewähren. Nach einem Traum in der Stadt Spoleto kehrte er jedoch um, weil er jetzt wusste, dass es nicht Ruhm und Reichtum waren, was er suchen sollte. Er war immer freigiebig zu den Armen gewesen, aber sein Ekel vor den Aussätzigen hatte ihn diese immer meiden lassen. In jener Zeit überwand er seine Abscheu und gerade die Begegnung mit einem Aussätzigen nannte er als den entscheidenden Moment seiner Bekehrung. Trotzdem wusste er noch immer nicht genau, was er suchte, und betete viel. Da hörte er das Bild des Gekreuzigten in der kleinen Kapelle von San Damiano sagen, er solle das verfallende Haus Gottes wieder aufbauen. Franziskus nahm das wörtlich und fing an, das Kirchlein zu restaurieren. Er verkaufte dazu alles, was er hatte, auch Stoffe aus dem Geschäft seines Vaters. Die folgenden Konflikte eskalierten im Februar 1206, als der Vater den Sohn vor dem Bischof öffentlich anklagte. Dabei sagte sich Franziskus von seinem Reichtum, seinen bisherigen sozialen Bindungen, von seinem Vater los und gab diesem zurück, was er noch besaß, sogar die Kleider, die er am Leib trug – als wolle der Fünfundzwanzigjährige wie ein neugeborenes Kind noch einmal ganz von vorne anfangen. Von nun an beschritt er seinen Weg – den der Hinwendung zu Armut, Krankheit, Leid. Zunächst ging er mit nichts als einer alten Kutte am Leib nach Gubbio. In der Folge setzte er mit den Restaurierungsarbeiten an verschiedenen Kirchen fort. In diesen ersten Jahren wurde er als Narr verspottet und als Bettler beschimpft. 1208 erkannte er bei einer Messe in der Kapelle Portiuncula, was er wirklich wollte: Christus nachahmend leben. Dabei nahm er die Worte Jesu ganz wörtlich und begann, erstmals in Assisi öffentlich zu predigen. Zwei Bürger aus seiner Vaterstadt, Bernard und Petrus, waren von seiner Lebensweise angezogen. Wie Franziskus verließen sie ihr Heim, ihre Familien, verteilten ihren Besitz an die Armen und zogen mit ihm durch das Land. Sie pflegten Aussätzige, arbeiteten für einen

Teller Suppe auf dem Feld, schliefen in Scheunen, auf Felsen und sprachen auf den Dorfplätzen zu den Menschen. Ihre Botschaft war einfach: „Die Liebe überwindet den Hass, Einfalt überzeugt mehr als Zwang, Solidarität ist stärker als Egoismus. Bekehre dich zu diesem Weg, der der Weg Jesu ist" (Freeman, S. 14). 1209 schrieb er eine kurze Regel. Der Papst bestätigte diese und erlaubte den (inzwischen zwölf) Brüdern ihre Predigttätigkeit. Damit begannen die zehn glücklichsten Jahre seines Lebens. Franziskus war auf Wanderschaft, predigend in Umbrien, der Toskana, im Rietital und den Marken, er kam nach Dalmatien und Spanien. 1210 wurde die Kapelle Portiuncula im einstigen Wald vor Assisi zum Stammquartier der Bruderschaft. 1212 schloss sich Klara Favorone den Brüdern an. Sie ließ sich in San Damiano nieder, wo sie den Klarissenorden gründete. 1213 bekam Franziskus den Berg La Verna von Graf Orlando von Chiusi geschenkt. 1215 war Franziskus bereits ein populärer Wanderprediger und zum darauffolgenden jährlichen Pfingsttreffen kamen bereits 300 Brüder. Ihre Zahl stieg in den nächsten Jahren rasant auf etwa 5000 und die Brüder dehnten ihre Predigttätigkeit aus, über die Grenzen Italiens hinaus. 1219 reiste Franziskus zum Kreuzfahrerheer nach Damiette in Ägypten, wo er sich um eine Alternative zum Kampf bemühte – die Bekehrung ihres Anführers Sultan Melek al-Kamils, die vergeblich blieb. Nachdem er Zeuge eines ungeheuren Blutbades geworden war, reiste er weiter nach Palästina, wurde aber zurückgerufen, weil es im Orden zu Unstimmigkeiten und Fraktionen gekommen war. 1220 zog sich Franziskus von der Ordensleitung zurück und führte insgesamt ein sehr stilles Leben. Seine Gesundheit war sehr geschwächt, insbesondere litt er an einer Augenentzündung, die er sich im Nahen Osten zugezogen hatte. Die Minderbrüder, wie er seinen Orden nannte, lebten inzwischen in klosterähnlichen Niederlassungen, meist am Stadtrand. Franziskus stand unter Druck, eine kirchenrechtlich taugliche Regel zu formulieren. 1223 diktierte er diese in Fonte Colombo. Noch im November wurde diese Regel vom Papst bestätigt. Im selben Jahr stellte Franziskus in Greccio erstmals mit lebenden Tieren das Weihnachtsgeschehen dar. Mittlerweile verehrten die Menschen Franziskus wie einen Heiligen. Als er sich 1224 auf den Berg La Verna zum Fasten zurückzog, litt er wieder an schweren Depressionen. Es gab Entwicklungen im Orden, die den Idealen der Anfangsjahre, zumal dem der Armut, zuwiderliefen. Mitte September bildeten sich hier, am La Verna, an seinen Händen und Füßen die Wunden des gekreuzigten Christus aus. Trotz seiner schlechten körperlichen Verfassung wollte er jetzt nochmals zurück zum Ursprung, den Wanderpredigten, der Aussätzigenpflege und unternahm daraufhin erneut eine Predigtreise, bis ihn seine Krankheit zur Rückkehr nach Assisi zwang. Den Sommer 1225 verbrachte er im Kloster San Damiano, wo ihn Klara pflegte. Dort dichtete er, nahezu vollkommen blind, den Sonnengesang. Er unterzog sich daraufhin verschiedenen ärztlichen Behandlungen, auch auf Fonte Colombo, und wurde schließlich 1226 im Bischofspalast von Assisi einquartiert. Hier verfasste er sein Testament, worin er nochmals an seine beiden wichtigsten Werte, die Armut und die Demut, erinnerte. Als er seinen Tod nahen spürte, ließ er sich zur Portiuncula bringen, wo er am Abend des 3. Oktober 1226 als weithin verehrter Heiliger mit 44 Jahren starb.

Bereits am 16. Juli 1228 wurde Franziskus heiliggesprochen, mit dem Bau von San Francesco in Assisi begonnen und Tommaso da Celano vom Papst beauftragt, die Biografie des Heiligen zu schreiben. Die weitere Geschichte des Ordens liest sich wie ein Triumphzug. Auch im 3. Jahrtausend wird Franziskus von Millionen Menschen verehrt.

Wie ist dieser Mensch vorstellbar, der unbeirrbar darauf bestand, exakt so „wie der bloßfüßige Jesus" (Holl, S. 355) zu leben, und solches bewirkte? Ein authentisches Porträt von Franziskus gibt es nicht, eigene, schriftliche Zeugnisse von ihm sind nur zwei erhalten.

Tommaso da Celano, der erste Biograf Franziskus', spricht von einem abstoßenden Äußeren und seinem geradezu magnetisch wirkenden Charisma, das die Menschen elektrisiert haben musste. Er wird beschrieben als magerer, kleiner, ungepflegter Mann mit abstehenden Ohren, der eine schmutzige, vielfach geflickte Kutte aus grobem Stoff trug. Adolf Holl sieht ihn als vielschichtige, widersprüchliche Persönlichkeit, als „einen fügsamen Rebellen, einen ernsthaften Schalk, einen engagierten Weltfremden, einen fastenden Lebenskünstler, einen ruhelosen Weisen, einen geselligen Bußbruder, eine demütige Autoritätsperson" (Holl, S. 12).

Er ist ein sehr empfindungsstarker Mensch, der die Welt liebt und sich engagiert für sie. Legendär ist seine Liebe zur Natur, der er, damals ganz unüblich, nämlich auf gleicher Ebene begegnet. Er ist keiner, der sein Leben anonym im Kloster verbringen will. Franziskus ist Darsteller und braucht Zuschauer (vgl. Holl, 70). Er hat die Vision einer Gesellschaft Gleichrangiger, hat aber keinen Zorn auf die Ausbeuter seiner Zeit. Er will sie mit Liebe und gutem Beispiel bekehren. Höher als Gelehrsamkeit stellt er gelebte Frömmigkeit und schleppt lieber Steine heran, um Kirchen zu restaurieren, als Theorien zu entwickeln oder Ideen zu formulieren. Er ist kein Kirchenkritiker und dem (jeweiligen) Papst treu, allerdings führt sein Weg genau in die von der Amtskirche entgegengesetzte Richtung. Keinerlei Widersprüchlichkeit in seinem Wesen gibt es aber in seiner unerschütterlichen Solidarität mit den sozial Deklassierten und seiner radikalen Negation von Privilegien, Besitzanhäufung, Hunger nach Macht (vgl. Holl, S. 97–98). Von Besitzunabhängigkeit ist er geradezu besessen. Er sieht sie als Tor zur Freiheit und Brüderlichkeit (vgl. Bahr, S. 23) und nimmt die Bergpredigt wörtlich: „Selig sind die Armen." Sein Verzicht ist Gewinn. Anders als die Anhänger so vieler Armutsbewegungen seiner Zeit ist er nicht entsagungs- und leidensstark. Er begegnet auch dem Negativen bejahend. So überwindet er seine Opferrolle und lässt sich seine Freude auch von heftiger Ablehnung nicht nehmen. „Der Herr gebe dir Frieden" – das ist die Formel, mit der Franziskus stets grüßt. Was ihn zum weltweiten Symbolträger für den Frieden gemacht hat, ist kein friedfertiges Gewährenlassen, sondern sein friedvolles Tun, seine vitale Furchtlosigkeit, seine aktive Freundlichkeit, die die Aggression des Feindes in sich zusammensinken lässt (vgl. Holl, S.185–186).

Dieser sanfte Revolutionär, „Antikapitalist, Umweltfreund und Querdenker" (Klaus Reblin) weckt auch heute in vielen Menschen „eine Art ziehenden Schmerzes, ein Heimwehgefühl" (Holl, S. 10). Dass er sein Paradies im Hier und Jetzt zu finden imstande war, mag Grund für seine Attraktivität im 3. Jahrtausend sein und auch sein Wunsch, sich zu bescheiden und zu befreunden mit sich, der Menschheit, der Natur.

DER FRANZISKUSWEG

Die körperliche Aktivität Gehen mit ihrer sinnlichen und meditativen Eigenart lädt ein zur intensiven Wahrnehmung nach außen und innen, zum Erkennen eigener Prioritäten und zur Annäherung an sich, zu Mitmenschen, zur Schöpfung. Viele Wege führen zu Gott, einer geht über die Berge. Wer sich mit Franziskus befassen will, für den ist die Möglichkeit, sich ihm gehend zu nähern, eine ausgezeichnete. Weil für den „heiligen Globetrotter" (Helene Nolthenius in Freeman, S. 5) selbst das Gehen, das heimatlose „Ziehen durch die Welt" (Rotzetter, Latium, S. 9) so wichtig war. Zudem war er mit dem Land, durch das der Franziskusweg führt, innig verbunden. Es ist sein Paradies, ohne das er gar nicht denkbar ist.

Der Franziskusweg folgt den Spuren des Heiligen durch die Toskana, Umbrien und Latium – durch Regionen, in denen Natur, Kunst und Geschichte mit Spiritualität in seltener Intensität verschmelzen. Es ist eine Fußreise von einer wichtigen franziskanischen Stätte zur anderen, zu mystischen Klöstern und Gebetsplätzen, zu einsamen Almen des Apennin, durch die südlich anmutende Valle Umbra und das idyllisch gelegene Rietital mit seinen vier stillen Klöstern. In lebhaften Städten wie Arezzo, Gubbio, Assisi, Spoleto und malerischen Dörfern auf Hügelkuppen begegnet man deren etruskischen oder römischen Ursprüngen, dem Mittelalter und der Renaissance, den Medicis und Päpsten und den Werken herausragender Maler wie Piero della Francesca, Giotto di Bondone oder Raffael.

Es gibt mehrere Franziskuswege. Zur Hälfte sind die Etappen aller Wege zwischen La Verna und Poggio Bustone deckungsgleich. Die hier beschriebene Route hat Angela Seracchioli angelegt. Ihr Fokus liegt auf dem spirituell-kulturellen Faktor. Angelas Strecke überschneidet sich vielfach auch mit den zwei unmarkierten Florenz-Rom-Wegen, der „Via Francigena di San Francesco a Roma" (blau-gelbe Tafeln), und dem von Kees Roodenburg (dem auch das Autorenpaar Ochsenkühn folgt). Angela Seracchiolis Variante des Franziskusweges ist weitgehend mit einem gelben Tau, dem Zeichen der Franziskaner, markiert. Zudem helfen der Tyrolia-Wanderführer und die in ihm enthaltenen, konkurrenzlosen Karten bei der Wegfindung.

Die 21 Etappen des 350 Kilometer langen Weges sind, aufgrund mancher längerer Etappen oder gelegentlicher Höhenunterschiede, mitunter anstrengend. Wer einen ganzen Landstrich wandernd durchreist, kann nicht erwarten, dass der Weg „nur schön" ist. Auch diese Route hat ihre „Durststrecken" am Straßenrand. Diese Passagen haben wohl ihre Botschaft für den Wanderer auf seiner Pilgerreise, dem Abbild des menschlichen Lebensweges. Vor allem aber gibt es auf diesem Weg auch heute für das Pilgererlebnis Unerlässliches: Stille. Einsame Wegstrecken bieten Raum zur Begegnung mit sich und der Schöpfung.

Im gebirgigen Mittelitalien ist noch im April und ab November mit längeren Regenperioden zu rechnen. Ideal zum Wandern sind Mai, wenn alles blüht, und September, Oktober. Bislang gibt es kaum offizielle Pilgerunterkünfte auf dem Franziskusweg. Allerdings bieten immer mehr Klöster und Pfarrgemeinden einfache Unterkünfte an und man beginnt sich vermehrt auf Franziskuspilger einzustellen. Auf einigen der Websites zu den Wegen (siehe S. 142) sind aktuelle Unterkunftslisten einzusehen.

Seiten 14–15: Blick vom Portal der Frührenaissancekirche Santa Maria delle Grazie am Rand Arezzos

1 La Verna
2
Santo Stefano
3
Passo Viamaggio
4
Sansepolcro
5
Citerna
6
Città di Castello
7
Pietralunga
Arezzo
8
Gubbio
9
Mengara, Valdichiascio
10
Valfabbrica
11
12 Assisi
13
Spello
14
Trevi
15
Spoleto
16
Romita di Cesi
17
Collescipoli
18
Stroncone
19
Greccio
20
Rieti
21
Poggio Bustone
TOSKANA
MARKEN
UMBRIA
LATIUM
ABRUZZEN

AREZZO

Pilgern heißt, sich auf das Wesentliche besinnen, ruhig und leer werden, bereit für das Neue. Mir war gar nicht bewusst, dass ich schon Monate vor der Abreise angefangen hatte, genau das zu versuchen – dass die Franziskanische Reise in mir längst begonnen hatte: Im Jänner schon habe ich meinen Haushalt durchforstet und mich von allem getrennt, was mir überflüssig erschien: Ich habe jedes Blatt Papier gewendet, jeden Kugelschreiber auf Funktionalität getestet, jedes Paar Socken geprüft und mich gefragt: Was und wie viel von allem brauche ich wirklich? Es war erstaunlich, welch riesige Häufen an Unnötigem sich vor mir türmten – seit Jahren unbenutzt, ungetragen, ungelesen. Am Aschermittwoch kam mir in einer Kirche spontan der Wunsch, diesmal die Fastenzeit mitzumachen. Außerdem habe ich mich um meine Fitness gekümmert, bin morgens gelaufen und sonntags gewandert. Neben dieser Aufbruchsstimmung gab es aber auch sehr viel Arbeit, Anspannung und graue, nasskalte Tage …

Umso eindrucksvoller ist dann „Italien“: Es trifft mich wie ein positiver Schock: das Südliche und Lichtvolle des Landes, die offene Hügellandschaft der Toskana mit den dunkelgrünen Zypressen, die Sonne, das Laue, Duftende, viel Rosa, Lila, Blau in den Bildern, der Hauch über den Hügeln und wie sehr nach dem Winter daheim der Gesang der Vögel auffällt! Er gibt der Seele einen Ruck ins Hohe und Helle.

In Arezzo tauche ich ein in das damit verbundene, so deutlich andere Lebensgefühl.

Von links oben nach rechts unten: 1 Ausblick aus der Frührenaissancekirche Santa Maria delle Grazie | 2 Piazza Grande: Chorapsis der Kirche Santa Maria della Pieve (links), Palazzo del Tribunale (Mitte), Palazzo della Fraternità dei Laici (rechts) | 3 „Vespas“ und „Piaggios“ sind hier Kult. | 4 Rekonstruierter Schandpfahl am Hauptplatz

Wie im Traum spaziere ich, am Anfang meines Pilgerweges vor allem Touristin, in der Stadt herum und besuche die verschiedenen „Bühnen" Arezzos. Darauf werden unterschiedlichste Stücke gespielt, wie „Muße", „Spiritualität", „Leidenschaft", „Eleganz". Da küsst sich ein Paar, dort plaudern alte Herren im Park, geben sich Teenager ultracool, spielen Kinder auf dem Platz – alles mit einem auffallenden Quäntchen mehr an Ausdrucksstärke, das wohl vom Süden, von der Sonne kommt.

Die Altstadt ist auf einem sanften Hügel gebaut. Mein erster Spaziergang führt mich die Straßen hinan zu einem der schönsten Plätze der Toskana – der *Piazza Grande*, einem trapezförmigen, abschüssigen Platz mit Restaurants und Cafés. Die Piazza ist ein architektonisches Juwel mit Gebäuden aus verschiedensten Epochen: schmale, bunte Wohnhäuser, die *Laici-Kirche* und der *Justizpalast* sowie die Chorapsis der Kirche *Santa Maria della Pieve* oder auch einfach *Pieve* genannt. Sie ist die Lieblingskirche der Aretiner, während der Dom Sitz der unbeliebten Bischöfe war. Der *Turm* der Pieve hat 80 Öffnungen und ist das Wahrzeichen der Stadt. Die vierte Seite des Platzes nimmt der *Palazzo delle Logge* (erbaut 1573–1595) ein. Dieser wurde nach Plänen von Giorgio Vasari, dem Erbauer der Uffizien in Florenz, errichtet. Vasari wird auch „Vater der Kunstgeschichte" genannt, weil er mit seinen „Lebensbeschreibungen der berühmtesten Maler, Bildhauer und Architekten" 1550 das erste kunsthistorische Werk herausgab.

Im *Park* beim Dom – einem Erholungsareal mit Pinien, Rasenflächen, Bänken und der Stadtmauer, von der man in die friedliche toskanische Landschaft fällt – steht ein *Denkmal für Francesco Petrarca*,

1 + 2: Parkanlage (16. Jh.), an den Dom grenzend / 3 Denkmal für Francesco Petrarca, am 20. Juli 1304 in Arezzo, der „Città di Petrarca", geboren / 4 Zwischen den engen Gassen fällt der Blick auf den Campanile (ca. 1330 fertiggestellt) der Kirche Pieve di Santa Maria Assunta (ca. 1250 erbaut) mit seinen 80 Öffnungen.

den 1304 in Arezzo geborenen, großen Humanisten und Dichter. Sein Gedichtzyklus „Il Canzoniere“ prägte die europäische Lyrik maßgeblich. Aber auch für Bergsteiger ist er eine bedeutende Persönlichkeit: Am 26. April 1336 hatte der Dichter „lediglich aus Verlangen“ den 1912 Meter hohen Mont Ventoux in der Provence bestiegen. Das gefiel ihm und er nahm sich selbst in seinen vielfältigen Empfindungen und Reflexionen wahr. Dieses Naturerlebnis und die Rückwendung auf das Selbst bezeichneten eine Wende in seinem Leben und es klingt darin ein derart vom mittelalterlichen abweichendes Natur- und Selbstverständnis an, dass diese Bergbesteigung vielfach als kulturgeschichtlicher Schlüsselpunkt an der Schwelle zur Neuzeit gesehen wird. Aufgrund dieser ersten touristischen Bergbesteigung gilt der Dichter als Begründer des Alpinismus, als erster Bergsteiger.

Arezzos Zentrum wurde im Wesentlichen während ihrer letzten großen Blütezeit, im 12. und 13. Jahrhundert geprägt, ehe die kaisertreue Stadt 1384 endgültig an das papsttreue Florenz verkauft wurde. Dementsprechend mittelalterlich wirkt das Stadtbild – mit buckligen Steinplatten auf den Straßen, dicken Mauern, denen die Baugeschichte eingeschrieben ist, Mönch-und-Nonne-Dächern, Türmen, einigen Butzenscheiben-Fenstern und schweren, geschnitzten Toren. Dazwischen ist immer wieder ein kleiner Platz oder ein Garten – jeder eine duftende Oase. Und das Zentrum ist voller Leben, auch atmosphärisch. Besonders abends

1 Elegante Fassade eines der vielen historischen Palazzi der Stadt | 2–6 Arezzo ist berühmt für seinen allmonatlichen großen Antiquitätenmarkt und seine vielen Antiquitätenläden. Daneben gibt es im Zentrum chice Boutiquen, aber auch kleine Läden mit Waren für jeglichen alltäglichen Bedarf.

ist viel Stimmung mitzuerleben, auf der Fußgängerzone *Corso Italia*, die die ganze Altstadt schnurgerade durchmisst. Das ist Arezzos Flaniermeile. Neben den, mitten im Zentrum, immer noch existenzfähigen, kleinen Läden mit Lebensmitteln, Knöpfen, Wolle, Haushalts- oder Eisenwaren sind hier natürlich elegante Geschäfte – außer Delikatessenläden vor allem Modeboutiquen, Juweliere und Antiquitätenläden. Das sind die heute noch bedeutenden Kunstgewerbe Arezzos. Kunsthandwerk hat hier Tradition. Die Stadt war für ihre Tongefäße, nach ihrer Farbe „Korallenvasen" genannt, und andere Keramiken berühmt. Am Beginn unserer Zeitrechnung waren sie wahre Exportschlager der Stadt. Wie blühend das Gewerbe war, bezeugen die tausend Namensstempel aretinischer Keramikwerkstätten aus dieser Zeit (vgl. Zimmermann, Toskana, S. 242). Für seine Antiquitäten ist Arezzo auch heute berühmt – zumal für den Antiquitätenmarkt, der an jedem ersten Sonntag im Monat in den Straßen der oberen Altstadt, von der Piazza Grande hoch bis zum Dom, stattfindet – ein Eldorado für Sammler.

Gegründet wurde der Antiquitätenmarkt von Ivan Bruschi. Seine noble Wohnstätte ist heute ein *Museum*. Die Auswahl der Exponate gründet auf dem Sachverstand und der Passion dieses leidenschaftlichen Antiquars. Was der Besucher hinter der schönen Fassade des eleganten Palastes aus dem 13. Jahrhundert zu sehen bekommt, ist seine ein Leben lang zusammengetragene Sammlung: archäologische Funde, Möbel, Skulpturen, Münzen, Schmuck, Keramiken, Bronzen, Gemälde, Porzellan, Glas, Stoffe, Waffen, Bücher, Alltagsgegenstände, Arbeitsgeräte, Instrumente und außereuropäische Stücke – *10.000 Exponate*, quer durch die Zeiten.

Zwei Exponate in „La Casa Museo di Ivan Bruschi": 1 Muschelemblem mit Szenen aus dem Leben Christi, Süditalien, 17. Jh. | 2 Unbenanntes Emailmedaillon, vermutlich aus der Werkstatt Doccia, letztes Viertel des 18. Jh.

Meine Mäander durch die Stadt führen mich durch die *Via Guido Monaco* und den gleichnamigen Platz. Sie sind benannt nach dem aretinischen Mönch und Musiktheoretiker, der um 1025 die Notenschrift und die Tonleiter einführte. Am höchsten Punkt der Stadt treffe ich auf die von Cosimo I. de' Medici erbaute *Burg und die Stadtmauer*, komme, absteigend, vorbei beim wappengeschmückten *Palazzo Pretorio*, der noch bis 1926 als Gefängnis diente und heute die Stadtbibliothek beherbergt, und gelange am Fuß der Altstadt zu den Resten des römischen *Amphitheaters* aus dem 2. Jahrhundert v. Chr. Es bot 10.000 Gästen Platz und war mit 122 Metern Länge wohl das größte Etruriens. Unter Augustus erlebte die Stadt eine Blütezeit. Damals wurde Arezzos Wirtschaft von einem Minister des Kaisers unterstützt – Gaius Maecenas, einem großzügigen Förderer von Horaz und Vergil – jenem ‚Mäzen', dessen Name in allen europäischen Sprachen zur Bezeichnung jeglicher „Förderer" wurde (vgl. Zimmermann, Toskana, S. 221). Die Besiedelungsgeschichte Arezzos beginnt allerdings schon vor den Römern – die *Chimäre*, eine Statue aus dem 5. Jahrhundert v. Chr., ist eines der Zeugnisse der etruskischen Besiedelung des Stadthügels. Tatsächlich war Aretium etrusca eine der wichtigsten Metropolen im etruskischen Zwölferbund.

Der Franziskusweg ist ein Stück weit auch eine Reise auf den Spuren eines zweiten großen Italieners: Piero della Francescas, des großen Malers der Frührenaissance.

1 Burgmauer, von Cosimo I. de' Medici erbaut (1538–1560) | 2 Reste des römischen Amphitheaters (Anf. 2. Jh. v. Chr.) | 3 Fassade des Palazzo Pretorio (ab 1290 erbaut) | 4 Altar von Pietro Lorenzetti (um 1319) in der Kirche Pieve | 5 Kirche San Francesco (1318 begonnen, später ausgebaut) | 6 Terrakotta-Gruppe (um 1400) am Dom San Donato

In der Kirche *San Francesco* in Arezzo begegnet man seinem Hauptwerk. Zu Franziskus' Lebzeiten hatte sein Orden außerhalb Arezzos ein Haus. Um der Stadtbevölkerung näher zu sein, wurde ab 1318 die jetzige Kirche erbaut. Im Barock stattete man sie wie üblich mit großen Altären aus und übertünchte die Fresken des Langhauses vollständig. Verschont davon blieben Kunstwerke von Weltrang: Piero della Francescas berühmter *Freskenzyklus La Leggenda della Vera Croce* (gemalt 1453–1459), die Geschichte vom Kreuz Christi. Der Maler hat die Szenen im Arezzo seiner Zeit platziert, seine Protagonisten sind Renaissancebürger – als wolle er seinen Mitmenschen sagen, das Mysterium sei nicht dort und damals geschehen, sondern es ist hier und jetzt. Mir machen die hohen, bemalten Flächen die handgreifliche, physische Leistung des malerischen Prozesses bewusst und ich sehe den Renaissancemaler direkt vor mir auf dem Gerüst arbeiten ... Um die weltberühmten Fresken zu fotografieren, braucht man eine Genehmigung. Leider ist die zuständige Dame an diesen vorösterlichen Tagen nicht erreichbar. Ich erlebe in dieser Kirche eine Messe mit, die trotz des im Kirchenjahr hervorragenden Anlasses – zum Karfreitag – die allerschlichteste ist.

Im *Dom* sehenswert sind della Francescas *Fresko der Hl. Magdalena*, die *Glasfenster* und der *Marmoraltar* sowie ein *Fresko* mit Franziskus in der Kapelle rechts von Maestro del Vescovado (ca. 1475).

Von Arezzo geht es anderntags los, hinauf in die Berge zum *Kloster La Verna*, in eine ganz andere Welt ...

1 Kreuz mit Franziskus zu Füßen Christi (Ende 13. Jh.) in der Kirche San Francesco, vor Piero della Francescas Freskenzyklus | 2 Fresko der „Hl. Magdalena" (um 1459) von Piero della Francesca im Dom San Donato | 3 Südansicht des Domes San Donato | Seite 23: Franziskusstatue in der Kirche San Francesco in Gubbio

FRANZISKUS ALS PILGER

Johannes Bernardone ist aller Welt bekannt als Franziskus von Assisi. Er ist so sehr mit dieser Stadt verbunden, dass kaum jemand das Widersprüchliche bemerkt, das einer solchen Zuordnung von Stadt und Person zugrunde liegt.

In Assisi ist Franziskus zwar 1182 geboren; da erlebt er auch seine Jugendzeit; da ist er am 4. Oktober 1226 gestorben und da wird er jedes Jahr von Millionen von Menschen verehrt.

Franziskus selbst aber ist mit der Entdeckung des Evangeliums über die Stadt hinausgewachsen. Sein Leben war ganz bewusst das eines wandernden Propheten, der – wie sein großes Vorbild, Jesus von Nazaret – nichts haben wollte, um tagein, tagaus seinen Kopf hinzulegen. Er wollte keinen Wohnsitz haben, die ganze Welt betrachtete er als sein Zuhause. Sein „Kloster" war das Universum. Keine Mauern sollten ihn festhalten, nirgendwo wollte er sich in festen Häusern niederlassen. Noch 1221, als ihm die Kommune von Assisi ein Haus gebaut hatte, damit er und seine Brüder darin wohnen könnten, warf er eigenhändig die Ziegel vom Dach, und mit dem Brecheisen riss er Stein für Stein vom Gemäuer. Alles sollte, wie er kurz vor dem Sterben in seinem Testament schreibt, darauf hinweisen, dass wir „keine bleibende Stätte" auf Erden haben, sondern nur „Pilger und Fremdlinge" sind.

Das Evangelium hatte ihn auf die Straßen der Welt geschickt. Wie Jesus und seine Apostel wollte Franziskus herumziehen, zu den Menschen gehen, um ihnen zu sagen, dass Gott gegenwärtig ist, das alles bestimmende, alles durchdringende, allem innewohnende Geheimnis. Alle Menschen, besonders die Armen, die an den Rand Gedrängten und die Friedlosen, sollten erfahren, dass nur Gott Heimat ist. „Unruhig ist unser Herz, bis es ruht in Dir" – dieses Gebet wollte er sichtbar verkörpern. Frieden und Gerechtigkeit werden – dies glaubte er, und dies wollte er mit seinem Leben signalisieren – auf Erden so lange keine erfahrbaren Wirklichkeiten sein, wie Gott nicht in allen Herzen, Händen und Füßen, Lippen und Zungen Fleisch geworden ist.

Und so hielt es ihn weder in Assisi noch an einem anderen Ort. „Die Brüder sollen durch die Welt ziehen!", schreibt er verbindlich in seine Regel. Von Poggio Bustone aus gehen sie dann paarweise in alle Himmelsrichtungen, grundsätzlich barfuß. Sie verstehen sich als Menschen, die demütig sein wollen, das heißt: eingebettet in die Erde! Sie ist das Maß, das uns zusteht, und der Horizont, der sich dem Wanderer zeigt, ist die Verheißung, die uns lockt.

Wer barfuß über die Erde geht, denkt und fühlt anders als jemand, der Soldatenstiefel oder Stöckelschuhe anhat oder vom hohen Ross herab oder aus schnell vorbeihuschenden Wagenfenstern schaut. Wer barfuß über die Erde geht, hat einen anderen Blick und andere Gefühle. Er ist sowohl natur- wie gottverbunden, empfänglich für alles: für den Gruß des Menschen, für das Bellen der Hunde, das Lied der Vögel, das Rauschen des Windes und in allem für die Eingebungen des Geistes. Kontemplation und Barfußgehen verbinden sich zu einer unauflöslichen Ehe.

Anton Rotzetter

V: DEI SER: P: M: ANTONIVS
ORD: MIN: CON: EPVS BOVINENSIS
VBI OBIIT ANNO
1752

1. TAG
LA VERNA

Hart am Abgrund einer senkrechten Felswand des *Monte Penna*, ragt das *Santuario La Verna* auf. 1213 hatte Franziskus den Berg vom Grafen Orlando Cattani di Chiusi geschenkt bekommen und hier eine Einsiedelei gegründet, die er oft aufsuchte. Dies war für Franziskus ein Ort intensivster Gotteserfahrung: Hier empfing er 1224 die Wundmale Christi. Das Kloster ist denn auch einer der berühmtesten Wallfahrtsorte Italiens. Der Besucherandrang bedingte viele Ausbauten, primär wurde das heutige Erscheinungsbild aber zwischen 1460 und 1520 geprägt. Der *Gebäudekomplex mit fünf Kreuzgängen, Dormitorien* für über hundert Mönche, *Refektorien, Wirtschaftsgebäuden, Bibliothek, Basilika und Kapellen* besteht aus schlichten Steingebäuden und wirkt trotz seiner Größe romantisch – passend zu diesem hochgelegenen, mystischen Ort mit seinem rauen Klima. Es gibt nur einen *Souvenirshop* – erstaunlich, angesichts der Besuchermassen, die hierherströmen. Ich hatte befürchtet, dass ich mich unter so vielen Menschen nicht auf den Ort einlassen würde können, aber ich erlebe eine Ausnahme: Vor der Auferstehungsmesse am Karsamstag ist das Areal verlassen und ich bin allein darin!

Erst besuche ich die *Basilika Chiesa Maggiore*. Sie wurde 1348, im Jahr der Pest, gestiftet, 1509 aus dem Vermögen der Florentiner Wollweberzunft vollendet und vereint verschiedene Baustile. Ihr Dekor betreffend entschied man sich im 15. Jahrhundert wegen des feuchten Klimas anstelle von Gemälden für Keramiken und

1 Kirche Santa Maria degli Angeli (1216–1218 erbaut) | 2 Terrakottarelief „Annunciazione“ (um 1475) von Andrea della Robbia | 3 Kapelle im freskengeschmückten Kreuzgang, der zur Stigmatisationskapelle führt | 4 Einer der bizarren Felsen in der Umgebung La Vernas | 5 Platz vor der Basilika

beauftragte den berühmten Töpfermeister Andrea della Robbia aus Florenz. Seine vor allem blau-weiß glasierten Terrakottatafeln zieren die verschiedenen Altäre des Areals. Neben der mächtigen Basilika steht das auf Wunsch von Franziskus erbaute Kirchlein *Santa Maria degli Angeli*. Es wirkt viel bescheidener, heimeliger.

Aus der ersten *Einsiedlerhöhle* des Franziskus baute man im 15. Jahrhundert eine schlichte *Kapelle*. Darin stehen Sessel im Halbkreis. Ich setze mich in den dunklen Raum und falte die Hände. Es wird still in mir. Ich spüre meinem Bild von Franziskus nach – wie, glaube ich, war er? So liebevoll, wie es sich nur denken lässt, großzügig, herzlich, freundlich, offen, friedvoll und Friede stiftend und ein Mensch, der seine tiefe Spiritualität kompromisslos lebte. Und jemand, der wohl Glück und Leid in ihrer ganzen Tiefe kannte, die Askese genauso wie die Euphorie. Und ich bin sicher, dass er gerne sang. Ich lege eine Muschel zu der Blume und dem Kreuz aus Grashalmen auf dem Altar.

Das Herzstück des Klosters sind die Plätze, wohin sich der Heilige zum Gebet zurückzog – die Höhlen, Spalten und Überhänge unter gigantischen, grob verblockten Felsen. Der *Sasso Spicco* ist so ein Ort. Eine Steintreppe führt tief zu ihm hinunter. Die Mystik dieses Platzes verschlägt mir jetzt, im Nachtdunkel, den Atem.

Am nächsten Morgen, ehe der Ostersonntagstrubel losgeht, besuche ich als Erstes die *Chiesa delle Stimmate*: 1224, zwei Jahre vor seinem Tod, war Franziskus wieder hierhergekommen, um in der Bergwildnis eine vierzigtägige Fastenzeit einzuhalten. Er war sehr krank und litt unter Depressionen. Sein Orden hatte

1 Die Klosteranlage La Verna (1128 m Seehöhe) auf einem Felsen oberhalb des Ortes Chiusi della Verna

sich weit von den ursprünglichen Idealen entfernt – er spürte, dass „Doktorhüte und Kardinalsmäntel für seine Minderbrüder schon bereitlagen" (Holl, S. 303). Hier geschah Mitte September 1224 Unverständliches: Franziskus erschien ein gekreuzigter Engel und sein Körper empfing „das letzte Siegel" (Dante, Göttliche Komödie, Paradiso, 11. Gesang) – die Wundmale Christi –, ein dem Körper eingeschriebenes Manifest seines beharrlichen Willens, auf der Seite der Armut und der Deklassierten zu bleiben (vgl. Holl, S. 303). Solche Wunder sind verwirrend – sie waren es zunächst auch für Franziskus selbst.

Vom Kloster führt ein *Weg hinauf auf den Monte Penna* – eine Landschaft mit beeindruckend mystischer Aura: ein Wald voll majestätischer, schlanker Säulen – Buchen, zwischen deren hohen Kronen der Nebel hängt, bizarren Wurzeln, bemoosten Felssolitären und *Stein-Oratorien*, worin einer der Minderbrüder gelebt hatte, dreißig Jahre lang. An der Kante sind senkrechte Felswände und Äste, die an vergangene Stürme erinnern – schwarze Blitze auf dem weißen Blatt des Himmels.

Beim Gehen kommen Bilder der gestrigen Auferstehungsmesse: Sie sollte um 22 Uhr beginnen, aber schon eine Stunde vorher füllte sich die Kirche. Jeder bekam eine Fackel. Den ersten Teil der Feier zelebrierte seine Exzellenz, Monsignore Luciano Giovanetti, auf dem großen Platz vor der Basilika beim hohen Holzkreuz. Dort brannte ein großes Osterfeuer. Der Bischof lud die Besucher zum Schweigen

1 + 3 Die mystisch wirkende Umgebung La Vernas mit bemoosten Bäumen, bizarren Felsen und Wurzeln | 2 Abgang zum Sasso Spicco, dem Platz unter einem Felsüberhang, wo Franziskus gerne betete | 4 Oratorium des Johannes von La Verna, der hier 30 Jahre lang (1292–1322) bis zu seinem Tod gelebt hatte

ein. Der Feuerschein erhellte die vielen im Kreis Stehenden. Das Holz knackte. Flammen loderten. Funken stoben ins Blau der Nacht. Diese Zeit völliger Stille, im nahen Zusammensein mit so vielen Menschen, empfand ich sehr intensiv. Beendet wurde sie von den Mönchen, die einen lateinischen Choral sangen. Schließlich entzündete der Bischof am Osterfeuer seine Kerze und an der steckten die Besucher ihre Fackeln an. „La luce di Cristo", das Licht Christi, sagte der Geistliche – und führte die Menschen an, die bald mit ihrer Kerze die dunkle Kirche immer mehr erhellten. Seine Worte bekamen so eine bildliche Dimension. Dann gingen die Lichter an und in der plötzlichen Helligkeit strahlte das Weiß der Wände, des Marmors, der Keramiken. Nun folgte die dreistündige Messe mit Gebeten, Lesungen, Fürbitten, Gesängen, „Gloria" und „Halleluja", Segen und Kommunion. Sehr ergreifend für mich war, als ein schmaler, fast kahlköpfiger junger Mönch zum Altar schritt und dort die Bibel hochhob – so hoch seine Arme reichten, hielt er das Buch der Bücher, die Heilige Schrift, und zeigte sie uns. Was es war, das mich an dieser Geste so rührte – „das Buch hochhalten", die eigenen Werte wahren, leben und teilen, seine Würde, sein Ernst, sein Glaube – ich weiß es nicht, jedenfalls schossen mir dabei sofort Tränen in die Augen. Dann trug er die kostbare Bibel zum Pult und brachte die Stelle zu Gehör, wo der Engel am leeren Grab Christi dessen Auferstehung verkündet. Er sang diese Worte. Wieder berührte mich das sehr – Singen als höchste Form des Betens … Es war lang nach Mitternacht, als seine Exzellenz bekanntgab: „La missa è finita! Halleluja! Halleluja!" Durch den nächtlichen Wald weggehend, erfüllten mich die alten Lieder und etwas Feierliches, Heiliges.

1 Felsformation am Monte Penna | 2 Der Sasso Spicco, Franziskus' Gebetsplatz – nach der Legende spalteten sich die dortigen Felsen in der Todesstunde Christi | Seite 29: Die sogenannte Franziskusbuche, Faggio di San Francesco, in den Bergen (auf 1090 Meter Seehöhe) oberhalb von Rivodutri, nahe Poggio Bustone

DIE BUCHE

Franziskus wandert. Er wandert weit, hin zu den Dörfern, hin zu den Menschen. Überall begegnet er der Not, der Ungerechtigkeit, dem Streit, der Feindschaft, der Hoffnungslosigkeit.

Franziskus geht in die Einsamkeit.

Er geht nicht allein, er trägt die Last und das Elend der Menschen und Tiere mit. Er geht mit hocherhobenen Armen.

Er blickt zum Himmel, Hilfe erhoffend. Das gleißende Licht blendet ihn, die Augen brennen. Er achtet nicht darauf. „Erleuchte mich", fleht er, „zeige mir eine Möglichkeit, die Not zu lindern!"

Die Mittagshitze treibt mit glühendem Atem Menschen und Tiere in den Schatten. Franziskus aber geht weiter, immer weiter. Ermattet zwar, doch immer noch den Blick und die Arme nach oben gerichtet, hilfesuchend. Schwüle umklebt alles, kein Windhauch, die Luft steht, keine Antwort, lähmende Stille. Franziskus ist erschöpft, doch die Beine laufen noch weiter.

Da, endlich kommt Wind auf, wird stärker, wird zum Sturm. Der erste Blitz zuckt, und auch der Wanderer zuckt zusammen beim heftigen Donnerschlag. Das Gewitter ist über ihm. Es heult, es regnet, es gießt, es schüttet.

Erst jetzt sieht Franziskus den Baum. Ein Baum, der – wie er die Arme – die Äste ratlos zum Himmel erhebt. Der Regen peitscht waagrecht. Der zarte Mann friert. Erst die Hitze, nun der kalte Wind und der durchnässende Regen. Franziskus schmiegt sich an den Baum.

Da streckt die Buche nicht länger die Äste und Zweige zum Himmel. Sie nimmt sie wie Arme herunter und umhüllt den Wanderer. Mit abertausend Blätterhänden bildet sie die grüne Umarmung. Kein Windhauch mehr erreicht Franziskus, kein Regentropfen. Da umarmt auch er den Baum, erwidert dessen Zärtlichkeit, küsst seine Rinde.

Licht bricht durch den Blättervorhang, das Gewitter hat sich verzogen, die Luft ist frisch und rein. Sanft löst Franz seine Arme von der Buche und beginnt zu singen. Er singt ein Lied von Bruder Baum, der den Menschen gleicht. Sein Stamm, wie die Wirbelsäule zum Himmel aufgerichtet, lässt Äste und Arme frei zum Umarmen. Und Franz tut es seither: Umarmen, wohin er kommt!

Elisabeth Bernet (nach einer lokalen Volkslegende)

2. TAG
LA VERNA – PIEVE SANTO STEFANO

Am Allerheiligentag 2010 beginne ich den ersten Teil meiner Wanderung am Franziskusweg. Es hat die ganze Nacht hindurch geschüttet und morgens ist der Boden völlig aufgeweicht. Nebel deckt die Täler zu, hängt in Schwaden zwischen den Bäumen und steigt aus den Wäldern wie Atem in kalter Luft. Aber einmal entschlossen, sind die Vorbereitungen rasch getroffen und schon geht es los vom Parkplatz des Klosters La Verna. Ich bin aufgeregt. Ein Teil der Aufregung ist Besorgnis – weil ich einen neuen Weg unter suboptimalen Bedingungen kennenlerne: Nebel kann die Sicht behindern und noch weiß ich nicht, ob der Weg ausreichend markiert und beschrieben ist im Führer. Und ich werde allein sein. Ob das Mobiltelefon funktioniert, hier in den Bergen, ist mehr als fraglich, also fällt auch dieser Sicherheitsfaktor weg. Außerdem wirkt der Wald im Regen einfach düster. Auf diesem Weg warten lange, völlig einsame Etappen auf mich ... Da bemerke ich, dass ich statt a priori zu vertrauen, mich wieder mal „sicherheitshalber" sorge ... Andere Teile meiner Aufregung sind Neugierde und Freude – schon allein wegen dieser mystischen Waldlandschaft mit ihren bemoosten Felsen – Skulpturen mit grünen Moosmänteln auf einem orangenfarbigen Teppich aus Buchenlaub. Eine wunderbar geschwungene Steinmauer flankiert diesen magischen Wegbeginn.

Gleich hier beruhigt mehreres: einmal, dass es nicht regnet, zum anderen die Beschilderung und der gelbe Pfeil: Diesem Zeichen bin ich letztes Jahr auf dem

1 Beginn der Etappe ab La Verna – der gelbe Pfeil leitet den Pilger/die Pilgerin auch auf dem Franziskanischen Weg. | 2 Das Moos auf den Felsen zeugt von der Feuchtigkeit des hochgelegenen La Verna-Berges.

Jakobsweg von Sevilla nach Santiago de Compostela 1085 Kilometer lang gefolgt – der Pfeil ist also ein vertrauter Begleiter. Bald nach dem Kreuz *Croce della Calla* freue ich mich derart, wieder auf dem Weg zu sein, dass ich von allem zugleich erzählen möchte: von den Buchen, Eichen, Föhren, von den Laubteppichen in Dunkelbraun und Lila, Rostrot oder Gelbgrün, von den Flechten auf den Baumrinden, von der Schwärze zwischen den Stämmen am Hang unter mir, vom lilagrauen Himmel, von der blauen Silhouette eines fernen Berges, vom orangenfarbigen Gras, das wie ein Fuchspelz den Boden bedeckt, von cognacfarbenen Eicheln, von den drei Wildschweinen, die über den Weg sprengen, von den Regentropfen, die auf den Heckenrosen hängen und vom Rauschen des Windes in den Kiefern am *Monte Calvano*. Wie heimisch klingt das und viel dramatischer, dunkler als das Rascheln der Blätter von Laubbäumen! Mich beeindruckt das Dunkle und freut das Helle und sehr bald ist es in mir ganz gewiss: Ja, ich möchte diesen Weg gehen!

Dann geht alles Schlag auf Schlag: Der Regen prasselt derart herunter, dass ich halb durchnässt bin, ehe ich den Regenhut aufsetzen und die Überhose anziehen kann, ein Windstoß weht den Hut auf den Abhang jenseits des Zaunes und der Regenknirps wird sofort nach dem Aufspannen in die andere Richtung gebogen und ist kaputt. Ich berge den Hut, mühe mich mit dem Schirm und wandere weiter – erst auf Forstwegen, dann einem teilweise schmalen Pfad im Wald und an seinem Rand. Weitblicke ins Tibertal gibt es heute keine. Ich esse einige Bissen im Stehen und bin nach fünf Stunden am Ziel. Heute habe ich mich schon gefreut auf Tee, Dusche und trockenes Gewand.

1 + 2 Vielfärbiges Herbstlaub, Regen, Nebel und Menschenleere prägen Anfang November diese Etappe.

PIEVE SANTO STEFANO

An der Zufahrtsstraße nach Pieve Santo Stefano nennt ein großes gelbes Schild den Ort „*Città del diario*" (Stadt des Tagebuchs): Hier wurde 1984 ein *Archiv* gegründet, das autobiografische Schriften ganz „normaler" Menschen sammelt, archiviert und die besten Texte publiziert. Natürlich macht die Geschichte von unten, die den persönlichen Lebenszeugnissen eingeschrieben ist, diese zusätzlich interessant und das Archiv zu einer Fundgrube für Journalisten, Studenten, Schriftsteller und Drehbuchautoren. Als passionierte Tagebuchschreiberin besuche ich es natürlich auch und erfahre, dass bislang über 4000 Tagebücher, Briefwechsel und persönliche Lebenserinnerungen gesammelt wurden. Die älteste Aufzeichnung geht auf das Jahr 1500 zurück. Unter den Texten finden sich die poetischen Lebenserinnerungen eines venezianischen Bauern, die Briefe einer Hausmeisterin aus Bologna, die von ihrer trostlosen Jugend erzählt, die Liebesbriefe einer Mailänder Gräfin aus dem 19. Jahrhundert, die Lebensschilderung eines anonymen Bergarbeiters. Die Aufzeichnungen heißen Eden, Wie ein Schmetterling, Tagebuch eines Paters in der Krise, Kinder im Krieg, Erzählung einer Nonne, Gezeiten. Vor den langen Regalen voller roter Ordner ist auch ein eng beschriebenes Stück Stoff ausgestellt: Es ist der Bettdeckenüberzug eines Mannes, den seine Frau nach dessen Tod ihm zu Ehren beschrieben hat … Die Motivation vieler, die ihre autobiografischen Aufzeichnungen dem Archiv anvertrauen, spiegelt sich in den Worten einer achtzigjährigen Tagebuchschreiberin,

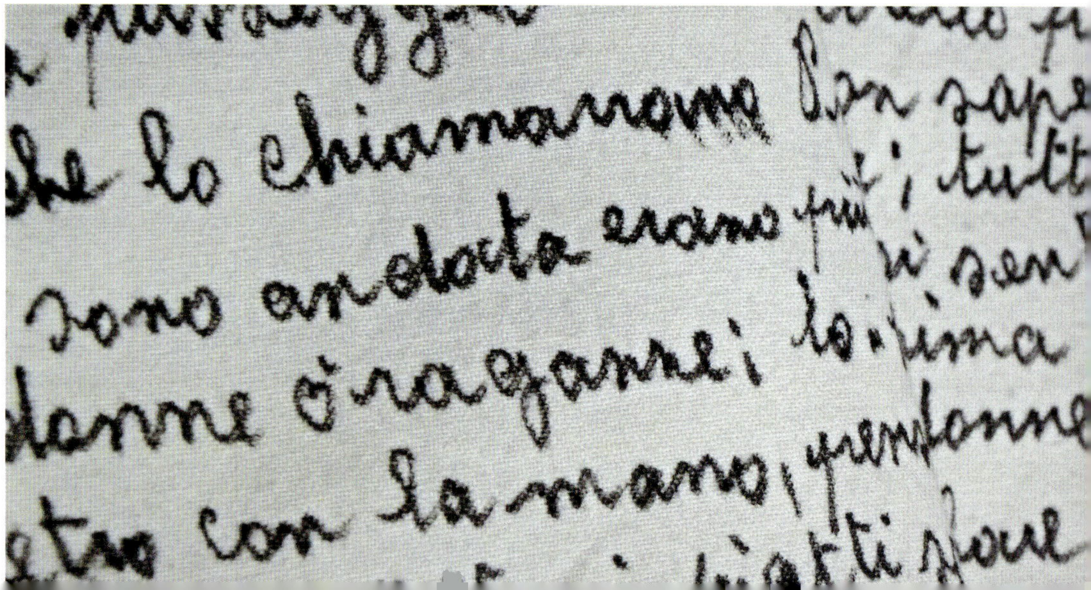

1 + 2 Häuser mit italienischem Charme in Pieve Santo Stefano (3200 Einw., 431 m) | 3 Exponat im Tagebucharchiv: Bettdeckenüberzug, den eine Frau nach dem Tod ihres Mannes ihm zu Ehren beschrieb

die auf der Website des Museums zu lesen sind, wider: „Da ich keinen Mann und keine Kinder habe, möchte ich, dass wenigstens ein Mensch meine Schriften liest, damit ich nicht fürchten muss, dass mein Leben unbemerkt verstreicht, ohne dass ich auch nur eine kleine Spur hinterlasse." Das Tagebuchmuseum ermöglicht es allen, die von sich schreiben, auch gelesen zu werden.

Dem so poetischen Fakt, dass im Ort den persönlichen Aufzeichnungen von 4000 Menschen mit so viel sorgsamem Respekt begegnet wird, entgegengesetzt, empfinde ich das Erscheinungsbild des Ortes als recht prosaisch. Das Städtchen am Tiber wurde im Zweiten Weltkrieg fast vollkommen zerstört. Heute stehen anstelle einstiger Renaissance-Bauten und -Palazzi die in aller Eile und mit Geldmangel errichteten *Nachkriegsbauten.* Deren Anblick wird bei dem trüben Wetter nicht hübscher und der Regen fegt die Straßen und Plätze frei – unter anderen Bedingungen mag das Flair viel ansprechender sein.

Franziskus begegnet dem Wanderer in der Kirche *Collegiata di Santo Stefano* – auf einem der blau-weißen glasierten Ton-Reliefs, geschaffen von der Schule Andrea della Robbias. Das Städtchen verfügt über einige Werke der berühmten florentinischen Keramikerdynastie. Auch die Fassade des *Rathauses*, eines der wenigen historischen Gebäude, die erhalten geblieben sind, zieren *Wappen* aus den Werkstätten der della Robbias. Wenige Schritte weiter, am Ortsplatz, der *Piazza delle Logge del Grano*, finden sich historische Lauben, unter deren Gewölbe früher Getreidehandel betrieben wurde. Übernachtungsmöglichkeiten gibt es im Ort mehrere.

1 Ausschnitt aus: Assunzione di Maria tra San Francesco, Sant'Antonio da Padova, San Girolame e Sant'Antonio Abate. Terrakotta-Relief aus der Werkstatt von Andrea della Robbia (1514) in der Kirche Collegiata di Santo Stefano (erstmals 1212 urkundlich erwähnt, umgestaltet im 19. Jh.)

3. TAG
PIEVE SANTO STEFANO – PASSO VIAMAGGIO

Was ich mir gewünscht habe, passiert: Am nächsten Morgen löst sich aller Nebel auf und strahlendes Himmelblau begleitet durch den Tag, die viereinhalb Stunden hinauf zum *Passo Viamaggio* auf fast tausend Meter Seehöhe. Gerade diese einsame und naturvolle Etappe gefällt mir sehr gut, weil sie viele Ausblicke bietet und auf Karrenwegen oder bloßen Wegen verläuft. Es passt mir alles bestens.

Ein stimmungsvoller Ort in herrlicher Lage zwischen Zerreichen und Haselnusssträuchern ist das kleine Kloster *Eremo di Cerbaiolo*. Dass es diese Einsiedelei (wieder) gibt, ist Schwester Chiara, Klara, zu danken, die in den 1960er-Jahren die Ruine des Klosters für sich entdeckt und es zu ihrer Lebensaufgabe gemacht hatte, es wiederaufzubauen. Diese beeindruckende Leistung ist ihr gelungen – einer Frau allein! Ich hatte gelesen, dass die über 80-Jährige hier noch immer in größter Einsamkeit lebt, Besucher aber gern aufnimmt. Natürlich möchte ich sie kennenlernen und halte schon von Weitem Ausschau nach Zeichen ihres Hierseins – offene Fensterflügel, Rauch, der aus dem Kamin emporsteigt, zum Trocknen aufgehängte Wäsche. Aber die Fenster sind zu. Kein Kamin raucht. Was ich halb befürchtet hatte, findet sich leider bestätigt: Unterhalb des Klosters ist ein winziger Friedhof. In einem Erdhügel steckt ein einfaches Holzkreuz. Von dem Schild darauf erfahre ich, dass ich ein halbes Jahr zu spät gekommen bin – Chiara ist im April gestorben. Blumentöpfe und Kerzen sprechen von Zuneigung und

1 Schöne Wege durch einsame Landschaften führen von Pieve Santo Stefano zum Passo Viamaggio.

Respekt für Chiara. Ich habe eine Muschel in der Hosentasche. Die lege ich auf das Holzkreuz, zu einem Stein, den wohl ein anderer Pilger hinterlassen hat. Ein Blick auf den winzigen Altar der Friedhofskapelle lässt mich schmunzeln: Darauf liegt eine Jakobsmuschel, auf der die Worte „Chiara“ und „Santiago de Compostela“ stehen. Offenbar war Klara dort, vielleicht sogar zu Fuß. Jedenfalls war ihr diese Reise wertvoll, wie mir auch. Es gibt etwas, das uns verbindet. Auf dem Karrenweg hinauf zum Kloster steht ein 2CV mit einer blauen Plastikplane als unzureichendem Ersatz für das Autodach. Vermutlich war das Klaras Auto. Und dann miauen sie schon heran, ihre zwei Katzen. Halb verhungert sind sie. Als ich gehe, haben sie meine ganze Jause, Salami, Parmesan und Brot, in ihren Mägen und Wasser getrunken. Heute wenigstens wird ihr Schlaf ein satt-zufriedener sein, aber der Gedanke an den baldigen Winter betrübt …

Dann gehe ich den Weg über den *Bauernhof Camerelle* hinauf zum Pass. Unterwegs freuen immer wieder schöne Ausblicke. Es bleibt den ganzen Tag wolkenlos, aber in den höheren Regionen bläst ein kalter Wind und es ist insgesamt recht kühl. Nahe Camerelle weist heute zum zweiten Mal ein Pfeil in die verkehrte Richtung, aber ich vertraue meinem Orientierungssinn und dem Wanderführer mehr und das stellt sich bald als richtig heraus. Wenig später finden sich am Wegrand viele schwere, dunkelgrüne Steine mit türkisfarbenen Einschlüssen. Ich wähle einen schönen aus und lege ihn oben am Pass hin, mit der Bitte um eine gute Wanderung auf den Spuren des Franz von Assisi. Im Albergo am Pass ist Reservierung angeraten, weil es nur fünf Zimmer hat.

1 Eremo di Cerbaiolo (785 m) – ein kleines Kloster, das bis ins Jahr 706 zurückgeht – die älteste Niederlassung von Mönchen in der Region. Ab 1218 bis ins 18. Jh. ließen sich hier Franziskaner nieder, 1944 wurde die Stätte vom deutschen Heer völlig zerstört und seit den 1960er-Jahren von der Einsiedlerin Chiara wiederhergestellt.

4. TAG PASSO VIAMAGGIO – SANSEPOLCRO

Auch heute wieder ist das Wetter wunderbar und ich habe es morgens eilig mit dem Aufbruch, denn diese Etappe ist eine neunstündige und vor 18 Uhr ist es finster. Zugleich lässt sich ein gewisser Widerstand gegen das lange Gehen in völliger Einsamkeit nicht leugnen. Was soll schon sein?, fragt eine Stimme in mir. Die andere kontert: Immerhin, ich darf mich nicht verletzen, es wird zeitig dunkel, ich werde keine Telefonverbindung haben und allein sein in „endlosen" Wäldern. Wölfe soll es auch geben auf dem Apennin. Also los – dann eben furchtsam und beherzt. Tatsächlich ist es dann so: Es geht durch einsame Wälder, stundenlang, aber die Strecke führt meist auf Forstwegen – ist also völlig harmlos und bestens markiert.

In der Mitte der Etappe liegt die weite Alm mit dem poetischen Namen *Alpe della Luna*. Von ihr schaut man weit ins Val Tiberina mit dem Tiber-Stausee. Bald führt der Weg wieder in den Wald und nach einigen langen Kurven hinunter zum Forsthaus *Pian delle Capanne*. Auch von den Almwiesen vor dem Gut *La Spinella* öffnen sich schöne Weitblicke. An diesem Tag ist Franziskus mein innerer Begleiter. Ich sehe ihn förmlich neben mir gehen, in einer braunen Kutte mit lilafarbenen Schatten in den Falten. Ich frage ihn in einer wichtigen Sache um Rat. Er lautet: „Du musst tun, was dein Herz sagt!"

Von *Montagna* geht es weiter zum kleinen Kloster *Eremo Montecasale*. Und das ist ein wunderbarer Ort! Hier stand im hohen Mittelalter eine Burg, die den Weg in die

1 Auch von den Almwiesen vor dem Gut La Spinella öffnet sich der Blick weithin über Wälder Richtung Val Tiberina mit dem aufgestauten Tiber, ital. Tevere.

Marken, nach Ancona, bewachte. Später entstand hier eine Einsiedelei, die 1213 an Franziskus und seine Brüder übergeben wurde. Drei Mönche halten heute hier noch die Stellung: Ein etwa 65-jähriger Mann mit wachen, frohen Augen recht gerade Laub, als ich komme, ein anderer entlädt das Auto. Über dem Eingang steht (übersetzt): „Hier wohnten drei Heilige: Franziskus, Antonius und Bonaventura. Hier lebten drei schreckliche Räuber wie Heilige. Darum: Glücklich, wer hier in deinem Haus wohnt, Herr!“ Übernachtung ist hier nicht möglich, aber ich darf das Areal betreten. Eine *Marmorstatue* zeigt Franziskus, am Stein-Sims sitzend, ein Bein oben, eines herunten – als Mensch wie du und ich. Er schaut über das weite Land, in den Abend. Ich lege meine Hand auf seine Schulter, wie viele vor mir und fühle mich ihm verbunden. Dann spaziere ich weiter durch die Anlage. Besonders mag ich das *Refektorium*. Es ist ein langer, schmaler Raum, mit einer Glasfront an der Vorderseite, einem Felsband und einem Fries religiöser Fresken an der Rückseite, dicken Holzbalken, einem langen Tisch und Bänken aus Holz – vollkommen ruhig und einfach anmutend. Auch die *Kirche* ist ein intimer, schlichter Ort mit Holz, Stein und Kerzenlicht. Ein schmaler Gang führt von hier in das *Oratorium von Franziskus*. Darin werden auch die *Totenköpfe* von zwei der drei Räuber (siehe S. 38) aufbewahrt.

Ich trete hinaus in den Abend. Auf dem Stein-Sims vor dem Kloster hat eine Frau Platz genommen. Sie hat die Beine hochgelagert, hält ihr Gesicht in das Licht der untergehenden Sonne und hat einen Rosenkranz in den Händen. Die Glocke ruft die Brüder zum Abendgebet.

1 Eremo di Montecasale – eines der stimmungsvollsten franziskanischen Klöster. Mangels Übernachtungsmöglichkeit ist Sansepolcro Etappenziel – zwei Stunden Abstieg entfernt. Nahebei ist ein Felsüberhang mit Wasserfall – einer der Gebetsplätze Franziskus', der Sasso Spicco. | Seite 39: Franziskusstatue in Montecasale

FRANZISKUS UND DIE DREI RÄUBER

Zu jener Zeit hausten in der Gegend von Montecasale drei berüchtigte Räuber, die viele Übeltaten im Land verübten. Eines Tages kamen sie zu der genannten Niederlassung der Brüder und baten den Bruder Angelo, den Guardian, ihnen zu essen zu geben. Der Guardian aber ließ sie scharf an und antwortete:

„Ihr Räuber und Mörder, ihr schämt euch nicht einmal, die mühsame Arbeit anderer an euch zu reißen! Ihr wollt gar, unverfroren und frech wie ihr seid, euch an Almosen gütlich tun, die für die Knechte Gottes bestimmt sind! Die ihr doch nicht wert seid, dass die Erde euch trägt! Hebt euch weg um eurer Missetaten willen und kommt mir nie mehr vor die Augen!"

Da waren sie sehr bestürzt und zogen verdrossen ab. Doch siehe, da kehrte gerade der heilige Franziskus zum Kloster heim und hatte die Tasche voll Brot und ein Krüglein Wein, das er und sein Begleiter sich erbettelt hatten. Als nun der Guardian ihm berichtete, wie er die Räuber fortgejagt hatte, tadelte er ihn heftig und sagte, er habe grausam gehandelt. Denn Sünder würden eher durch Sanftmut als durch hartes Schelten zu Gott zurückgeführt.

„Daher sagt auch unser Meister, Jesus Christus, dessen Evangelium wir nachzuleben versprochen haben, nicht die Gesunden bedürften des Arztes, sondern die Kranken; und er sei nicht gekommen, die Gerechten zur Buße zu rufen, sondern die Sünder. Und darum hat er so oft sein Brot mit ihnen geteilt. Da es also nur so ist, dass du gegen die Nächstenliebe und gegen das heilige Evangelium gefehlt hast, befehle ich dir, bei dem Gelübde des Gehorsams, unverzüglich diese Tasche mit Brot zu nehmen und diesen Krug mit Wein und hinter ihnen herzugehen, treulich über Berg und Tal, bis du sie findest. Dann biete ihnen all das Brot und all den Wein in meinem Namen an. Und beuge dein Knie vor ihnen und bekenne ihnen reumütig die Schuld deiner Härte. Bitte sie in meinem Namen, keine Untat mehr zu begehn, sondern Gott zu achten und ihre Mitmenschen nicht mehr anzufallen."

(Aus der Textsammlung von Perugia)

SANSEPOLCRO

Nach zwei Tagen in einsamer Bergwelt, bei wolkenlosem Herbstwetter tauche ich in *Sansepolcro* in den Nebel, aber auch in das Herz eines geschäftigen Städtchens, dessen mitunter bröckelnder Charme von einer imposanten *Burgmauer*, *sieben Stadttoren*, vielen eleganten *Palazzi und Gebäuden aus der Renaissance,* von *Kirchen* und einem zentralen, großzügigen *Platz* bestimmt wird. Zur ihm gelangt man durch eine geschmackvolle *Fußgängerzone* mit aufwendigen Auslagen.

Den folgenden nebeligen Tag widme ich einem Mann, dessen Fan ich seit Jahrzehnten bin (die Kopie eines seiner Bilder hat lang in meiner Wohnung gehangen): Piero della Francesca. Der berühmte Maler kam um 1415 in Sansepolcro zur Welt und verbrachte hier das Gros seiner Lebenszeit.

Die *Casa di Piero della Francesca* war das Wohnhaus des Malers. Er hatte als 30-Jähriger mehrere Häuser, vielleicht sogar nach eigenen Plänen, zu einem geräumigen und aristokratischen Haus zusammengefasst. Heute beherbergen die hohen Räume mit Holzbalken, crèmefarbenen Wänden und Terrakottaböden ein umfassendes *Archiv*, geleitet von weltweit anerkannten della Francesca-Experten, mit dem Ziel, sein Werk, seine Technik, Person und Vita sowie seine kunsttheoretischen Werke zu Fragen der Perspektive, Geometrie und Trigonometrie zu dokumentieren und in Kursen, Vorträgen, Seminaren und Tagungen die Erkenntnisse darüber zu vertiefen. Die Verantwortliche vor Ort, eine sehr sympathische, enthusiastische Frau,

1 Denkmal für Piero della Francesca im kleinen Park gegenüber der Fondazione Piero della Francesca – des ehemaligen Wohnhauses des Künstlers in Sansecpolcro. Der Ortsname Sansepolcro, „Heiliges Grab", soll auf Reliquien zurückgehen, die zwei Pilger aus dem Heiligen Land mitbrachten – rund um die die Stadt wuchs.

meint, in diesem Gebäude, in dem der (unverheiratet gebliebene) Künstler mit seiner Familie gelebt hat, sei viel Nähe zu ihm erlebbar. Aus seinem Schlafraum ist das *Denkmal* für ihn im Park zu sehen. Es zeigt ihn mit Pinsel und Palette, zu seinem Haus blickend. Und ich, in seinen Räumen, sehe aus den Fenstern Häuser und Landschaften, wie er sie vor 600 Jahren gemalt hat. Hier scheint die Zeit stehengeblieben zu sein. Della Francesca starb am 12. Oktober 1492. Am selben Tag entdeckte Kolumbus Amerika.

Das städtische Museum, *Museo Civico*, zeigt zwei der wichtigsten Werke Piero della Francescas: Das älteste von ihm erhaltene Werk ist das aus mehreren Bildtafeln bestehende *Polyptychon der Barmherzigkeit* (2,7 x 3,3 m), das er erst nach siebzehn Jahren vollendet hatte. In ihrem Zentrum steht die *Schutzmantelmadonna*. Sie breitet darauf, wie eine archaische Kultfigur vor einem goldenen Hintergrund, ihren Mantel schützend um die Gläubigen. Das Fresko *Die Auferstehung Christi* (ca. 2,2 x 2,2 m) hatte der Maler für seine Mitbürger geschaffen, im Wunsch, dass es ihnen jederzeit zur Betrachtung bereitstünde. Entsprechend kann es durch das Museumsfenster von außen gesehen werden. Der britische Schriftsteller Aldous Huxley nannte dieses Bild „das schönste Gemälde der Welt".

Abends schlendern trotz des trüben Wetters viele Paare, Arm in Arm, gut gelaunt und chic gekleidet durch die Flaniermeile der Stadt. Das Glas Wein und die Pasta, für die Sansepolcro bekannt ist, sind vorzüglich – vielleicht auch dank der *Firma Buitoni*, die hier seit 1827 ihren Sitz hat und wesentlich zum Wirtschaftsaufschwung der Stadt beitrug.

1 Traditionsreiches Spitzenklöppelhandwerk | 2 Nebengasse im Zentrum Sansepolcros (16.400 Einw., 300 m) | 3 Stadtmauer, von den Medicis erbaut. Sich vor dem nahenden Krieg mit Siena rüstend, ließ Cosimo I. de' Medici 1555 die Viertel außerhalb von ihr aus Kosteneinsparungsgründen niederreißen.

5. TAG SANSEPOLCRO – CITERNA

Morgens liegt dicker Nebel über dem Land. Nicht lange nach dem Aufbruch stehe ich am *Tiber*. Hier kann der Fluss bei niedrigem Wasserstand durchwatet werden, wie es Pilger seit jeher taten. Das andere Ufer liegt in Umbrien.

Die Fioretti, eine Sammlung von Volkslegenden (aus dem 13./14. Jahrhundert) über Franziskus, erzählen auch über eine Flussdurchquerung: Franziskus' Gefährte Leo soll einmal vor seinem geistigen Auge einen mächtigen, reißenden Fluss gesehen haben und einige Brüder, die, schwer mit ihrem Hab und Gut beladen, versuchten, ihn zu durchqueren. Aber sie wurden von der gewaltigen Strömung mitgerissen und ertranken. Dann kamen Brüder, die nichts bei sich hatten. Ihnen gelang es mühelos, den Strom zu durchwaten. Franziskus sagte ihm dazu, dass es sich genauso verhielte: diejenigen, die ertrunken sind, waren Brüder, die nicht von ihrer Habe lassen wollten. Nur die, die nichts hatten, waren in der Lage, an das jenseitige Ufer, zur Transzendenz zu gelangen. In dieser Geschichte ist Besitz eine todbringende Last, die geistiges Leben verhindert. Franziskus war das Armutsgebot extrem wichtig. Denn die Armut befreit die Seele aus ihren Fesseln. Heutzutage vielzitierte „Slogans", wie „Weniger ist mehr", „In der Leere liegt die Fülle, im Kleinen das Große", haben in ihm ihren geistigen Vater (vgl. Rotzetter, Fioretti, S. 53 + 129).

Offenbar hat Franziskus Besitz und Seele geradezu auf zwei Waagschalen gesehen. Je mehr von dem einen angehäuft wird,

1 Der Tiber, Tevere, entspringt im Apennin am Monte Fumaiolo auf 1407 Metern Seehöhe. Mit 405 Kilometern Länge ist er der drittlängste Fluss Italiens (nach Po und Etsch) und mündet westlich von Rom in das Tyrrhenische Meer. | 2 Spinnennetz, ein Kunstwerk der Natur

desto weniger fällt gleichsam das andere ins Gewicht. Dass ihm eine immaterielle Haltung so wichtig war, verstehe ich, weil mir vieles an der materialistischen Industrie- und Konsumgesellschaft mit ihrer permanenten Leistungssteigerung und der Maxime, dass Geld die Welt regiert, Unbehagen bereitet: Nie vorher hatten so viele Menschen so viel Geld wie heute in der sogenannten Ersten Welt. Trotzdem hat nicht das Glücksempfinden zugenommen, sondern Stress, Burn-out, Vereinsamung, Therapien, Krankheit. Ein Weiser unserer Tage, Erich Fromm, erläutert seelische Konsequenzen dieser Orientierung am Besitz, am Haben: Der Mensch versteht sich zugleich als Ware und Verkäufer und sein Wert wird daran gemessen, „wie er sich verkauft", an seinem Einkommen, Konsum, Status, Prestige. Daran denkend spüre ich wieder, wie beleidigend diese aus dem Materialismus generierte Haltung ist: Sie verletzt des Menschen Würde, auch desjenigen, der sie äußert. Die Orientierung am Sein dagegen bedeutet laut Fromm unserem tiefen Verlangen nach Ausdruck der eigenen Fähigkeiten folgen, tätig und kreativ, in Beziehung zu anderen sein, Lebensfreude in sich finden, selber erleben. Die Orientierung am Haben oder am Sein seien einander ausschließende Alternativen menschlichen Erlebens, meint Fromm und, hierin ähnlich radikal wie Franziskus, man hätte sich für eine von ihnen zu entscheiden (vgl. Fromm, S. 60). Die Antwort, die sich für mich herausgestellt hat, ist, dass ich der Orientierung am Sein folgen möchte. Diejenigen, die sich zu dieser Geisteshaltung entschließen, werden mehr! Das ist auch in meiner nahen Umgebung, an meinen Freunden bemerkbar.

1 Der Nebel richtet den Blick auf das Naheliegende, auf Details und auf das Innen. Jeder Umstand hat ein eigenes Geschenk.

CITERNA

Der Weg nach *Citerna*, auf Landstraßen durch kleine Weiler, vorbei an Feldern, Obst- und Weinplantagen, zwischen Pappelalleen ließ Raum für derartige Gedanken. Umso mehr, als der Nebel das Land fast „verschluckte", alles kulissenartiger machte und geheimnisvoller.

Nach nur vier Stunden ist dann das Etappenziel erreicht – Citerna –, ein malerischer Ort, von einem 480 Meter hohen Hügel wie von einer Aussichtsplattform ins Tibertal blickend. Gegründet wurde der Ort von den Etruskern, im Mittelalter herrschten hier die Malatesta, dann fiel er an den Kirchenstaat. Es ist ein hübsches Städtchen, das in die Liste der schönsten Orte Italiens aufgenommen wurde. Sein im Wesentlichen heute noch *mittelalterlicher Kern* ist von einer *Stadtmauer* umgeben. Eine Besonderheit sind die niedrigen, alten *Laubengänge*, die in der Mauer entlangführen. In der netten Hauptstraße reiht sich eine alte Tür an die nächste. Zur Zeit meines Besuches ist das Gesamtbild des Zentrums wegen des Wetters etwas getrübt und vor allem wegen der eben stattfindenden Restaurierungsarbeiten.

Die volkstümliche Überlieferung sagt, Franziskus habe den Ort gesegnet, wonach die Erdbeben rundum Citerna verschont hätten. 1917 wurde das Städtchen dennoch von einem katastrophalen Beben verwüstet (vgl. Seracchioli, S. 45).

Leider ist die Kirche *San Francesco* geschlossen. Darin wären Gemälde von Luca Signorelli, Pomarancio und Raffaellino del

1 Gemälde von Nicolò Pomarancio, Die Kreuzigung Christi (1570), in der Kirche San Michele Arcangelo (1680) | 2 Laubengänge in der mittelalterlichen Stadtmauer von Citerna (3300 Einw., 480 m)

Colle, eine Madonna aus Terrakotta, die von Donatello sein soll, sowie ein Chorgestühl aus Nussholz zu sehen. Dafür findet sich in der Kirche *San Michele Arcangelo* ein Kontrapunkt zum Grau des Tages: ein sehr farbenprächtiges *Gemälde* von Nicolò Pomarancio.

Ich spaziere hinauf zum mittelalterlichen Schloss, durch die Gassen und Laubengänge, aber meine Gedanken bleiben beim Thema, das mich schon am Weg hierher beschäftigt hat: Geld, Prestige, Status – und die angebliche Notwendigkeit, von anderen „bestätigt" zu werden. Abends lese ich in den Fioretti eine Parabel, die Franziskus seinem Gefährten Leo erzählt hatte: Darin klopfen er und Leo, erschöpft nach langer Wanderung, an einem bitterkalten Wintertag an eine Klosterpforte. Aber der Pförtner schlägt ihnen mehrmals die Türe vor der Nase zu (vgl. Fioretti, S. 40–41). Nun verrät Franziskus Leo, was die „wahre Freude" sei: trotz dieses krass ablehnenden, verletzenden Verhaltens seine Freude zu bewahren – darum ginge es. Denn: Wahre Freude kommt von innen. Sie ist vollkommen unabhängig von äußeren Erfolgen, von der Reaktion, ja, sogar von heftiger Ablehnung anderer. Sie käme aus der unerschütterlichen Bewahrung von Identität und Berufung, negativen Erfahrungen zum Trotz. Franziskus erzählt diese Geschichte an seinem Lebensende. Sein Orden war inzwischen so groß, dass er sich von der Leitung zurückgezogen hatte. Er war überflüssig geworden (vgl. Rotzetter, Fioretti, S. 43) und in vielem von der Entwicklung des Ordens enttäuscht. Von einer derart unabhängigen Freude bin ich meilenweit entfernt. Aber ich hoffe, dass ich ihr entgegengehe.

1 Hölzerne Eingangstore in der mittelalterlich geprägten Hauptstraße von Citerna, das in die Liste der schönsten Orte Italiens aufgenommen wurde | 2 Laubengang in der Stadtmauer

6. TAG CITERNA – CITTÀ DI CASTELLO

Neben der National Gallery London, den Uffizien in Florenz, dem Museu Nacional de Arte Antiga in Lissabon usw. birgt das pittorreske Hügelstädtchen *Monterchi* eines der wichtigsten Werke von Piero della Francesca: sein Fresko von der schwangeren Maria, *Madonna del parto*. Das örtliche *Museum* widmet sich nur diesem Kunstwerk: Schon kilometerweit entfernt kündigen Schilder das Bild an. Mit 50.000 verkauften Eintrittskarten jährlich bringt es die örtliche Wirtschaft mehr als Wein und Oliven in Schwung! Für Schwangere ist der Eintritt aber immer noch gratis.

Natürlich lasse ich mir den Besuch nicht entgehen und darf das Gemälde sogar fotografieren: Maria steht auf dem Bild leicht nach links gedreht in einem mit Pelz ausgeschlagenen Zelt, das zwei Engel offenhalten. Ihr einfaches blaues Kleid ist ihr zu eng geworden, daher hat sie es unter der Brust geöffnet und an der Seite die Nähte aufgetrennt. Ihr Blick ist richtungslos, sie wirkt in sich vertieft, nach innen lauschend. Die rechte Hand liegt behutsam auf dem Bauch, der linke Arm ist auf die Hüfte gestemmt, als wolle sie die durch die Schwangerschaft bedingte, veränderte Statik des Körpers unterstützen. Diese Schwangere ist keine Himmelskönigin, sondern eine irdische junge Frau, die bald gebären wird (vgl. Klappentext Walter). Mit dieser Maria konnten sich die Frauen identifizieren: Von nah und fern kamen Schwangere zu dem Bild, um sich hier unter den Schutz der Madonna zu stellen. Der Glaube an diesen Schutz war so tief, dass die Frauen von Monterchi

1 Piero della Francesca hatte das Bild (1450–1455) an die Altarwand der Friedhofskapelle von Santa Maria di Momentana gemalt – die Geburt am Friedhof –, ein symbolträchtiger, schöner Gegensatz. Wie vom Auftraggeber beabsichtigt, sollte es auch die neuen Herrschaftsverhältnisse spiegeln – Florenz hatte die Macht übernommen.

noch 1954 einen Verleih des Bildes zu einer Kunstausstellung in Florenz verhinderten, weil sie auch nicht für kurze Zeit auf ihren Beistand verzichten mochten. Die kultische Verehrung trat aber im Lauf der Jahre in den Hintergrund (vgl. Walter, S. 51 + 53). Die beiden Engel sind viel kleiner und einer das exakte Spiegelbild vom anderen, auch die Farbgebung ihrer Flügel und Kleider betreffend. Das Zelt ist mit Eichhörnchenfell gefüttert. Die Granatäpfel auf dem roten Brokat des Zeltes verweisen wie das zu enge Kleid Marias auf ihre Schwangerschaft. Das Bild eint für den Maler typische Charakteristika: die perspektivische Raumkonstruktion bei geringer Bildtiefe, den proportionalen Bildaufbau und einfache, geometrische Formen. Die Bildgeometrie hat an der inhaltlichen Aussage wesentlichen Anteil: Sie verleiht den Figuren eine feierliche Stille und erhebt sie zu Symbolträgern göttlicher Vollkommenheit. Della Francesca lässt ‚einfache' Menschen am Heilsgeschehen teilhaben (vgl. Zimmermann, Toskana, S. 229).

Der Blick des Malers auf die Schwangere ist einfühlsam, liebevoll. Man sagt, er habe dieses Bild zu Ehren seiner Mutter gemalt, die aus Monterchi kam. Jedenfalls stellt auch Pieros erster Biograf, Giorgio Vasari, fest, dass dieser seiner Mutter sehr eng verbunden war und er ihr seinen künstlerischen Aufstieg verdankte (vgl. Walter, S. 47). Darüber hinaus ist aber der Standort des Gemäldes kein zufälliger: Hier, am Fluss *Cerfone*, war schon in der Antike der Austragungsort eines Fruchtbarkeitskultes. Dabei tauchten sich Schwangere ins Flusswasser. Im Tibertal gibt es viele Beispiele für diesen alten Kult.

1 Nach jahrhundertelangem Vergessen wurde das Gemälde zu einem Gegenstand kultischer Verehrung der örtlichen Schwangeren. Anfang des 20. Jh. wurde das Fresko abgelöst, restauriert, gerahmt und im Museum platziert. Heute wird es primär als Kunstwerk von Weltrang gesehen (vgl. Walter, Buchrückseite).

Nachts hatte es in Citerna heftig geregnet. Morgens wird die Wolkendecke aber dünner und sitzt bald nur mehr auf dem Apennin auf. Nach dem Museumsbesuch in Monterchi zeigt sich schon viel Himmelsblau. Das Bild der Schwangeren legt sich wie eine Transparentfolie über diesen Tag. Von der Kreuzung der Straße 221 mit Angela Seracchiolis Route biege ich, dieser folgend, nach rechts ab. Regenbedingt ist hier tiefer, rutschiger Lehmmatsch. Es ist schwül und das Gehen auf dem ansteigenden matschigen Feldweg mühsam.

Aber es bleibt nur kurz anstrengend und das Wetter ist inzwischen prächtig. Ich komme in einen Hain voller Maronibäume. Die Bäume haben krumme Stämme, mit Moos und Flechten. Die Sonne lässt ihre herbstlichen Blätter golden vor dem Blau des Himmels leuchten. Den Boden bedecken die eleganten, tabakbraunen Blätter und aus den stacheligen Kastaniengehäusen lugen die glatten, rotbraunen Maroni. Dazwischen sind etliche Feuerstellen. Der Duft ihres Rauches hängt noch in der Luft. Wenige Schritte weiter fasziniert eine Lichtung voller Farne in cognacfarbenen Tönen, die wie von Hand geordnet oder wild durcheinander wachsen. Lodern und Bewegung sind in dem Bild. Ich freue mich immens am Herbst, seinen Farben, am Gehen, am Alleinsein.

Wenig später bin ich oben beim Picknickplatz *Burgne*. Hier blickt man ins weite Tibertal mit Orten, Städten, Straßen, Industrie. Die sie umgebende Landschaft, mit Feldern, Wein und Oliven, mit Gehöften

1 Ausblicke auf die toskanisch anmutende Hügellandschaft zwischen Citerna und Città di Castello | 2 Maronihain unterhalb des Picknickplatzes Burgne

zwischen Pinien und Zypressen wirkt toskanisch. Von hier folge ich dem aussichtsreichen Hügelrücken, herrlich süße Feigen naschend, die ich bei einem verlassenen Bauernhof gepflückt habe. Von *Celle* folgt man dem Sträßlein einige Kurven hinunter und steigt nach Überquerung der Straße wieder bergan. Dort stehe ich einer Herde Mozarellabüffel gegenüber. Sie sind schwarz, massig und haben einen starren Blick. Über den Zaun zwischen uns bin ich froh. Nach einer weiteren Kammwanderung folge ich einem Karrenweg zwischen Pinien hinab zum Weiler *San Lorenzo*. Dort weisen Schild und Pfeil in die der Wegbeschreibung entgegengesetzte Richtung. Ich folge dem „korrigierten“ Weg, kann aber dann den Abzweig zum heute privatisierten Kloster *Buon Riposo* nicht finden. Dort oben wäre ich auch an den *Geburtsort der Montessori-Pädagogik* gekommen, wo Maria Montessori 1909 ihren Lehrerinnen erstmals die Prinzipien ihrer neuen Pädagogik vorgestellt hatte.

Stattdessen komme ich bei *Lerchi* zur Straße 221. Der Bauer des Gehöfts am Ortsrand spricht mich freundlich an. Es gefällt ihm offenbar, dass ich San Francescos Spuren folge. Die Sympathie Einheimischer für meine Pilgerreise freut mich immer wieder. Wegen des verpassten Abzweigs muss ich von hier am Straßenrand nach *Città di Castello* gehen. Da viele LKWs unterwegs sind und es keinen Gehsteig gibt, empfinde ich diesen Abschnitt als stressig. Ein herrenloser, dreibeiniger Hund humpelt vor mir her. Leider habe ich nichts, um das arme Tier zu füttern.

Als Città di Castello, die alte umbrische Stadt am Tiber, mit ihrem mächtigen Mauergürtel in Sicht kommt, bin ich erleichtert.

1 Ein Gehöft im kleinen Weiler Celle | 2–3 Herbstliches Braun in seiner Vielfalt: Glatte Maroni und Farn in Cognactönen | Seiten 50–51: Ahornbäume an einem Novemberabend beim Kloster Montecasale

CITTÀ DI CASTELLO

Überraschenderweise regnete es nachts wieder und am Morgen liegt das Land erneut unter einer Nebeldecke. Ist man durch den mächtigen Mauergürtel, der die *Altstadt Città di Castellos* umgibt, getreten, zeigt sich dagegen das Leben äußerst farbenfroh. Ich schlendere durch die belebten *Gassen*: Der Bike-Händler, der auch eine kleine, übervolle Radreparaturwerkstatt betreibt, hat neben dem Poster von Papst Johannes Paul II. eines einer ganz anderen Ikone platziert: das Marilyn Monroes. Lachend erlaubt er, dass ich seine Werkstatt fotografiere. Der Gemüsehändler gegenüber hat oberhalb seiner Vitrinen die Pokale ausgestellt, die sein Fußballclub gewonnen hat. In der *Markthalle* räumt der Händler Kisten beiseite, damit ich wirklich alle zwölf Sorten Tomaten fotografieren kann, die er führt – eine Ode an Rot. Gegenüber freuen verschiedenste Grüntöne das Auge – Mangold, Spinat, Löwenzahn, Zucchini, Artischocken und als Kontrapunkt dazwischen ein Bund dunkellilafarbener Zwiebeln. Am *Hauptplatz* sitzen Leute vor den *Cafés*, plaudern, lesen die Zeitung, trinken Kaffee, Spritzerol oder Prosecco. Hier gehe ich erstmal frühstücken. In den Spiegelschränken des Cafés reihen sich Wein-, Likör- und Schnapsflaschen, säuberlich poliert. In der Vitrine liegen appetitliche Hörnchen, Kipferl, Tramezzini und Sandwiches sowie Mini-Pizzas. Kurz darauf beiße ich in das beste Schokoladekipferl meines Lebens und der Mini-Espresso ist extrem stark und aromatisch. Amüsant finde ich die Geschwindigkeit, mit der die Italiener frühstücken – eine bis

1–6 Straßenszenen in der Altstadt von Città di Castello (40.500 Einw., 288 m)

drei Minuten dauert es, bis der Espresso hinuntergekippt ist, inklusive Begrüßung, Abschied, Bestellung und Zahlen. Das Gebäck wird allenthalben beim Rausgehen gegessen. Alles läuft im Stehen ab, unter kurzen, lebhaften Gesprächen. Nun lasse auch ich mich weiter durch die Gassen treiben. Heute ist *Markt*. An den Ständen durchwühlen Frauen die Tische mit Kleidung – es wird interessiertest begutachtet, befühlt, geredet, gestikuliert, gelacht, Blumen werden gekauft und die Fleischer in ihrer Bude schneiden dünne Scheiben von riesigen Schweinsbraten, die zwischen Weißbrotscheiben gelegt werden – offenbar eine sehr geschätzte Delikatesse. Trotzdem kein Sonnenstrahl die Szene erhellt, wirkt das Treiben heiter. Wiederholt fallen mir Stoffgeschäfte auf – nicht nur, dass es gleich mehrere gibt, sondern auch die hervorragende Qualität der Ware. Aber die kostet auch – bis zu € 260,--/Meter steht auf den Preisschildchen an den Stoffballen zu lesen. In einer Gasse sind viele Fleischhauer – eine Häufung wie in mittelalterlichen Städten, wo die Zünfte in jeweils eigenen Vierteln zu finden waren. Ein Fleischhauer aus Marrakesch, der beste Ware führt, spricht Arabisch, Französisch, Italienisch, ein wenig Englisch und auch Deutsch. Andere Kunden kommen. Er stellt sie vor: Noah ist aus Essaioura, Laila aus Zagora, Elia ist aus Tanger, Hasan aus Fez und das ist Lutfi aus Tunis. In einem anderen Laden bekomme ich die Mortadella wie gewünscht extrafein geschnitten und begegne auch hier, wie überall in der Stadt, größter Freundlichkeit. Langsam räumen die fahrenden Händler zusammen und die Mittagsruhe senkt sich über die Straßen und Plätze. Città ist keine Tourismusstadt, aber eine, in der sich echt italienisches Leben umso besser genießen lässt.

1 Häuserzeile gegenüber dem Palazzo Vitelli alla Cannoniera, die durch ihre extrem schmalen Bauten auffällt – mitunter wechseln die Hausnummern alle zweieinhalb Meter | 2 Restaurierung – auch für Autos?

Die 1273 errichtete Kirche *San Francesco* ist ein Klotz aus Stein und Ziegeln, dessen Inneres 1707 aufwändig barockisiert wurde. Darin befinden sich eine *Kopie* des Werkes *Verlöbnis Mariens* von Raffael, die daran erinnert, dass sich dieses Werk ursprünglich hier befand, und eine *Majolika-Retabel* aus der Della-Robbia-Schule, die Stigmatisation des Franziskus darstellend. Diese Kirche sagt mir wenig, aber als ich ihr, wieder im Freien, einen letzten Blick zuwerfe, sehe ich die Worte DVO FRANCISCO oberhalb des Seitenportals, und dies, sein Name in großen Buchstaben, trifft mich – es ist, als sei ich unversehens auf die Spur eines vermissten, geliebten Menschen gestoßen.

Auch diese Stadt am Tiber wurde von den Umbrern gegründet und später zu einem römischen Municipium. In der Völkerwanderungszeit machten die Goten die Stadt dem Erdboden gleich. Danach wurde sie unter Stadtpatron Bischof Florido wieder aufgebaut. Die Kathedrale ist nach ihm und dem hl. Amantius benannt: *Duomo Santi Florido e Amanzio*. Der Ursprung des Domes geht bis ins 11. Jahrhundert zurück, er wurde dann mehrmals verändert und innen im Barock völlig umgestaltet.

An der Rückseite des Domes ist sein runder Glockenturm, der *Campanile Cilindrico*. Den steige ich hoch, allein, nachdem ich das ca. 50 Zentimeter schmale Holztürchen aufgesperrt habe, denn die Angestellte des Dommuseums hat mir den Schlüssel überantwortet. Den Aufstieg über die schmale Wendeltreppe aus

1 Campanile Cilindrico, der runde Glockenturm der Kathedrale, 43,5 Meter hoch, 7 Meter Durchmesser (unten romanisch, 11./12 Jh., oben gotisch) | 2 + 3 In der Kirche San Francesco: Kopie von Raffaels Werk „Verlöbnis Mariens"; Majolika-Retabel aus der Della-Robbia-Schule | 4 Kathedrale Santi Florido e Amanzio (11.–18. Jh.)

Stein belohnt ein schöner Blick auf die Mönch-und Nonne-Dächer der Altstadt Cittàs. Ich fotografiere in alle Richtungen und steige wieder ab, öffne und schließe Türen, sperre zu, drehe zwei Lichter ab und prüfe nochmals, ob das schmale Türchen wirklich geschlossen ist – schließlich bin ich verantwortliche Turmmeisterin.

Am besten von den hiesigen Kirchen gefällt mir die *Chiesa San Domenico* (15. Jahrhundert). Sie ist ein außen wie innen großer, schmuckloser Bau, dessen barocke Ausstattung wieder rückgängig gemacht wurde. Gerade das Leere, Dunkle, Große des Innenraums zieht mich an. Die große Wandfläche des Langschiffes zieren nur zwei bunte Glasfenster und ein großes *Kreuzigungsfresko*. Davor stehen ganz kleine, fast schwarze Holzbänke. Ruhig.

Ganz anderer, sehr graphischer, farbintensiver, moderner Kunst widmet sich der *Palazzo Albizzini*, in dem die *Werke Alberto Burris* (1915–1995), des international renommierten, hier geborenen Künstlers, zu sehen sind. Burri erforschte mittels Collagen und Drapagen expressive Möglichkeiten von Alltagsmaterialien, wie Stoffen, Säcken, Holz, Eisenplatten, Sägemehl, Sand, Plastik. In den ehemaligen Tabaktrockenanlagen *Ex Seccatoi del Tabacco*, an denen der Pilgerweg am Stadtrand vorbeiführt, sind zudem große *Bildzyklen* und im Gelände davor seine riesigen, rotschwarzen *Metallplastiken* zu sehen.

Das *Klarissenkloster* ist, laut einer Tafel, seit wenigen Tagen wegen Restaurierung geschlossen. Ein Bauende verrät sie nicht. Dort begegne ich einem Kapuziner, der mit wehender Kutte über die Straße eilt. Seine Augen sprechen von innerer Freude. Das zu sehen ist schön.

1 Kreuzigungsszene aus dem frühen 15. Jh. in der Chiesa San Domenico | 2 Die 1789 nach einem Erdbeben erneuerte Kuppel der Kathedrale, 1794 von Tommaso Conca mit Fresken versehen

Unter den vielen Palästen der Stadt sind die bedeutendsten die fünf Palazzi der Familie Vitelli (15. /16. Jahrhundert). Besonders sehenswert ist der *Palazzo Vitelli alla Cannoniera* (benannt nach einer damals benachbarten Kanonengießerei) – vor allem wegen seiner grotesken Fresken im Inneren und seiner *Pinakothek mit Werken von Raffael, Luca Signorelli, Andrea della Robbia, Pomarancio etc.* Der *Garten* des Palastes war einst in ganz Europa berühmt für seine exotischen Pflanzen. Die *Graffiti* auf der gartenseitigen Hausfront entwarf Giorgio Vasari. Wappen und groteske Figuren, Masken, Pflanzen, Putten, Füllhörner und Vögel überziehen nun in weißen Linien die Fassade wie feine Spitzen …

Feine Spitzen zieren auch die edlen Leinenwaren in der Auslage eines Stoffgeschäftes im *Palazzo Tommasini*. Dies ist das traditionsreiche Unternehmen *Tela Umbra*, das nicht nur ein Gütesiegel für Textilien höchster Qualität ist, sondern auch sozialgeschichtliche Bedeutung hat: Baron Leopoldo Franchetti hatte 1900 die Amerikanerin Alice Hallgarten geheiratet. Diese war schockiert von der Armut und mangelnden Ausbildung der umbrischen Frauen. Sie richtete im Krankenhaus eine Station für Mütter und Kinder ein, gründete Schulen, in denen nach den Methoden ihrer später weltberühmten Freundin, Maria Montessori, unterrichtet wurde, und 1908 die Webmanufaktur Tela Umbra, mit dem Ziel, die traditionelle Webkunst Umbriens vor dem Aussterben zu bewahren und den Frauen ein sicheres

1 Der Palazzo Vitelli alla Cannoniera wurde 1521 bis 1532 für Alessandro Vitelli erbaut. Die Designs für die Graffiti auf der gartenseitigen Hausfront schuf Giorgio Vasari. | 2 Fresken in der Säulenhalle im Palazzo Vitelli di Sant'Egidio, an deren Restaurierung eben gearbeitet wird

Einkommen zu sichern. Tatsächlich verhalf sie der umbrischen Webkunst zu neuem Aufschwung. Nach dem Tod der Franchettis ging ihr Erbe an eine Wohlfahrtsorganisation, die durch Krisen und Krieg hindurch die Produktion aufrechterhielt. Ein Museum im Haus erinnert an das soziale Engagement Alice Hallgartens. 1985 wurde die Tela Umbra GmbH gegründet, an der auch die derzeit sieben Weberinnen beteiligt sind. Es freut mich, in den ursprünglichen Räumen der Tela Umbra, mitzuerleben, wie das alte, edle Handwerk fortlebt. Denn hier saust an den alten Webstühlen noch heute das Schiffchen durch die Kette, klappern die Pedale nach jeder Reihe, ächzt und klackt es, wenn die Frauen mit größter Geduld und Expertise feinste Tischdecken schaffen, Handtücher, Teppiche, Vorhänge und Tischläufer – mit Designs aus dem Mittelalter und der Renaissance: Zweifärbig oder in Indigo zieren Rehe, Greifen, Löwen, Vögel, Burgen, Bäume und geometrische Muster das feine Gewebe. Käufer dafür finden sich auf der ganzen Welt. Die hohe Wertschätzung für Stoff an sich, für Leinen, Damast, Seide, Spitze, hat hierzulande Tradition. Tücher und Stoffe aus Wolle waren zu Franziskus' Zeiten das wichtigste Wirtschaftsgut überhaupt. Auch weil sich das Volk lange nur ungefärbte Kleidung leisten konnte, Adel und Klerus sich dagegen mit Stoff, Farbe und Mustern auf einen Blick distinguierten. Dafür wurde viel Geld ausgegeben. Im Mittelalter und in der Renaissance gehörten die Weber in Mittelitalien zu den reichsten Zünften.

Beeindruckendes Handwerk führt auch heute noch die hiesige *Druckerei Grifani-Donati* fort, die seit 1799 mit Bleisatzlettern druckt und Lithografien, Holzschnitte und Kaltnadelradierungen fertigt.

1 Tela Umbra: Feine Spitzen zieren edle Leinenwaren, nach jahrhundertelanger Tradition gewebt. | 2 Einer der zwei Säle im Palazzo Tommasini mit den historischen Webstühlen, auf denen auch heute noch nach alter Tradition gewebt wird, unter Verwendung originaler, auf das Mittelalter und die Renaissance zurückgehender Muster

7. TAG
CITTÀ DI CASTELLO – PIETRALUNGA

Der Wanderführer bietet für diese Etappe Alternativen an, aber da die Stecke mit acht Gehstunden ohnehin lang ist, entscheide ich mich für die einfacheren und kürzeren Varianten. Daher verlasse ich die Altstadt Città di Castellos durch die *Porta Santa Maria* und gehe zunächst Richtung Perugia. Drei Läufer sausen vorbei. Kaum bemerkt, sind sie schon weg. Unser Geschwindigkeitsunterschied amüsiert mich. Am Stadtrand komme ich zu drei großen rot-schwarzen *Skulpturen Alberto Burris* am Gelände vor den *Tabaktrockenhallen*, worin dessen *Werke* ausgestellt sind.

Bald biege ich ab in das Landsträßlein nach *Baucca*, das dem *Torrente Soara* entlang flussauf führt. Das ist ein hübsches Flusstal mit Wald, Feldern, Wein, Landgütern. Am Straßenrand fällt der Blick auf blaue Weintrauben und Orangen in der Sonne – wie prall die Früchte, wie reich die Ernte, wie üppig das Land, wie viel der Herbst bietet! An solch sonnigen Tagen glänzt sein Reichtum augenfälliger.

Die Straße führt nach rechts hinauf auf den Hügelkamm, dem nun zu folgen ist. Ich bin äußerst angetan von den bezaubernden Ausblicken in das Umland mit herbstlich verfärbten Wäldern und Landgütern dazwischen. Besonders ein *Agriturismo* scheint ein Garten Eden zu sein – weil das Gesamtbild der terrassierten Hänge mit Weinrieden, Olivenhainen und Bienenstöcken bis ins letzte Detail gepflegt und ideal wirkt. Der Gutshof, edel-rustikal aus Holz und Stein, liegt naturvoll und aussichtsreich.

1 Ausblicke auf typische, umbrische Hügellandschaften mit Olivenhainen, Weinterrassen, Zypressen und alten Landsitzen | 2 Haus San Martino, in völlig einsamer und naturvoller Lage | 3 Wiese der Heiligen bei der Kirche Pieve de' Saddi

Schließlich biege ich ab und gehe die einstündige, hübsche Variante nach *Palazzio del Ricchio*. Die Forststraße führt mich bergab zum *Haus San Martino*: Das alte Steinhaus liegt einsamst in purer Natur. Es wirkt wie ein Kloster. Der Boden ringsum ist aufgewühlt von Wildschweinen. Von hier geht es einen steinigen Pfad bergab und auf einem Weg durch den Wald und über eine Wiese hinauf zur Forststraße.

Der folgend ist man wenig später beim einsamen Kirchlein *Pieve de' Saddi, einer typischen frühchristlichen Basilika*. Die Wiese, wo sie steht, war ein Versammlungsort früher Christen und Wirkungsstätte dreier Heiliger, darunter Bischof Floridus, Stadtpatron Città di Castellos. Die erste Kirche wurde im 4. Jahrhundert errichtet. Die heutigen Gebäude sind romanischen oder späteren Ursprungs (vgl. Seracchioli, S. 60). In der Kirchenmauer ist ein Wasserhahn. Hier fülle ich meine Trinkflasche an. Am Gebäude nebenan wird gebaut. Es soll eine Pilgerherberge werden. Hoffentlich stimmt es, denn das hier ist ein besonders guter Ort!

Nun führt die Straße flott hinab, aber dann wieder vier Kilometer nach *Candeleto* hinauf. Diesen etwas zähen Abschluss der heutigen langen Straßenetappe macht die Abendsonne wett – unter der die Laubwälder fast zu glühen scheinen! Überhaupt haben mich die Landschaften, Ausblicke und das schöne Wetter heute so gefreut, dass die Straße nicht störte.

Schließlich geht es auf einem Feldweg rasch zum Etappenziel, dem pittoresken Hügelstädtchen *Pietralunga*, das sich seinen mittelalterlichen Charakter bis heute bewahrt hat.

1 Agriturismo mit Oliven- und Weinterrassen | 2 Spätnachmittägliche Stimmung vor Pietralunga | 3 Die Kirche Pieve de' Saddi (erbaut an einem Versammlungsort früher Christen) ist teilweise romanischen Ursprungs; im Inneren sind Fresken aus dem 15. Jh. (renoviert im 16. Jh.).

8. TAG PIETRALUNGA – GUBBIO

Mein Tag beginnt mit einem Spaziergang durch die alten Gassen *Pietralungas*. Das Bergstädtchen auf einem der lieblichen Hügel des Apennins umringt die *Langobardenfestung* und die Kirche *Santa Maria*. Der Ort hat ein gemütliches Flair. Um 8.30 Uhr wandere ich los, mit dem Frühstückskipferl in der Hand – abwechselnd auf Landstraßen und Forstwegen, auf und ab zum schön restaurierten, aber verlassenen Kloster *S. Benedetto Vecchio* aus dem 12. Jahrhundert. Von dort folge ich der Straße bergab zu einer Brücke.

Wegen der mir schwieriger erscheinenden Orientierung auf der Wegvariante, biege ich dort doch ein in Angela Seracchiolis Originalroute, die den *Monte Spesce* auf einer Forststraße umrundet, statt ihn zu überschreiten. Die Wälder rundum hallen wider von den Schüssen der Jäger. Zwei Rehe flüchten über die Straße. Ich halte ihnen die Daumen. Die gute Wegmarkierung und die mühelose Wanderung auf der Forststraße erlauben, mich ganz den ergreifenden Lichtstimmungen über der herbstlichen Landschaft hinzugeben.

Ich bin wahrhaft begeistert von diesem Herbsttag – von der gelb verfärbten Eiche, die sonnendurchflutet zu einer goldenen, lodernden Fackel wird, von den im Licht silbern glänzenden Fäden des Altweibersommers zwischen den Gräsern, von den nassen Blättern auf dem Asphalt der Straße, die wie buddhistisches Gebetspapier, silbern, statt golden, schimmern unter diesem ergreifenden Licht, das allem Glanzlichter aufsetzt!

1 Ausblicke auf die herbstliche, umbrische Hügellandschaft | 2 Das mittelalterliche Bergstädtchen Pietralunga (2300 Einw., 566 m)

Der Anblick der Landschaft vom Rand eines Wiesenabhangs bereitet mir Herzklopfen, so schön finde ich ihn. Hier halte ich Rast. Was ich sehe, könnte dem Gemälde eines genialen Renaissancemalers entnommen sein – es ist das Bild einer perfekten Landschaftsidylle: Im Grün des Mischwaldes am Hügel vor mir leuchten das Gelb und Rot herbstlichen Laubes. Die Schatten der Bäume auf den grünen Wiesen sind dunkle, klar umrissene Ovale, die den niedrigen Stand der Novembersonne bezeugen. In den Wasserstellen am Fuß der Wiese spiegelt sich das Blau des Himmels. Über mir ist es das dunkle Blau von Vergissmeinnicht, am Horizont dagegen ist es weiß. Darunter staffeln sich die Silhouetten der Berge – Scherenschnitte, deren Blau mit zunehmender Ferne immer ätherischer wird. Über alledem liegt der milchige Hauch des späten Novembertages. Der ist aber so warm, dass die Grillen zirpen. Sonst regt sich kein Laut.

Bis zum hübschen Kirchlein von *Loreto* sind es fünf schöne Gehstunden. Von seiner Aussichtsterrasse unter der cognacfarbenen Kastanie genieße ich den Blick auf das *Gubbio* vorgelagerte Becken mit Zypressen, Feldern, Wiesen und Äckern. Dann steige ich weiter ab bis *Raggio*. Dort überquere ich die SP 219 und durchmesse nun auf einer Landstraße die Ebene bis Gubbio, auf die ich zuvor geschaut hatte. Nach einem kurzen Stück durch die städtische Peripherie bin ich nach sieben Stunden Gehzeit am Ziel.

Mit dem Besuch Gubbios endet meine Wanderung im Herbst. Von hier setze ich im Frühling fort. Mit dem Wetter habe ich bei beiden Aufenthalten in der Stadt Glück.

1 Herbst in Umbrien, in jedem Blatt und Halm | Seiten 62–63: Gubbio, Piazza della Signoria mit dem Palazzo dei Consoli

GUBBIO

Schon der erste Anblick *Gubbios* ist eindrucksvoll – eine prachtvolle Ansammlung von *Palästen* und *Türmen*, malerisch an den Hang des *Monte Ingino* gebaut.

Die erste Sehenswürdigkeit der Stadt, an der der Franziskusweg vorbeiführt, liegt noch außerhalb der *Stadtmauer*: das *römische Theater*. Dieses hat einen Durchmesser von siebzig Metern und bot 6000 Zusehern Platz. Heutzutage werden hier wieder klassische Dramen aufgeführt.

Wenig später steht man schon vor der wichtigsten franziskanischen Stätte Gubbios: Franziskus war ein Bettler, mit nichts als einer alten Kutte am Leib, als er im Winter 1206 nach dem Bruch mit seinem Vater von Assisi nach Gubbio ging. Hier hatte er einen guten Freund, einen reichen Wollkaufmann namens Spadalunga. Dieser nahm ihn in sein Haus auf, das neben der heutigen Kirche *San Francesco* stand, und schenkte ihm einen einfachen, grob gewebten Umhang, der später zum Vorbild der Mönchskutten des Ordens wurde. (Ein Bronzerelief in der Kirche erinnert daran.) 1214 schenkte die Familie den Franziskusbrüdern das Grundstück, auf dem sie ihren *Konvent* bauen konnten. Tatsächlich begonnen wurde mit dem Bau aber erst um 1256. In der rechten Chorkapelle zeigen *zwei Fresken* (frühestens 1317 entstanden) Szenen aus dem Leben von Franziskus: seinen Verzicht auf das väterliche Erbe und den Traum von Papst Innozenz III., in dem jener Franziskus die fallende Kirche stützen gesehen hatte. Heute sind die Fresken fast unkenntlich.

1 Die Altstadt Gubbios (33.000 Einw., 522 m) am Abhang des Monte Ingino | 2 + 3 Blicke in zwei der vielen Keramikläden in der Altstadt | 4 Serpentinenweg hinauf zur Basilica Sant'Ubaldo auf 827 Meter auf dem Monte Ingino, ca. 300 Höhenmeter über der Stadt | 5 Auch mit Seilbahngondeln gelangt man hoch zur Basilika.

In der linken Chorkapelle ist Ottaviano Nellis Hauptwerk sehenswert: (Siebzehn) *Szenen aus dem Leben Marias*, gemalt um 1410. Neben der Kirche zeigt ein ausdrucksvolles *Denkmal* Franziskus' legendäre Zähmung des Wolfes (von Roberto Bellucci, 1997). Diese Begebenheit soll sich vor den Toren Gubbios zugetragen haben. Offenbar hegen die Einwohner Gubbios, Eugubini genannt, große Sympathie zu ihrem Wolf: Sogar der hiesige Motorradclub bewirbt sein Rennen auf dem Transparent mit dem Titel „La tre ore del Lupo“, die drei Stunden des Wolfes.

Ich schlendere weiter durch die Altstadt. Sie ist aus hartem Kalkstein erbaut, der besonders haltbar ist, und hat sich seit dem 15. Jahrhundert wenig verändert. So spaziert man in diesen Straßen mit ihren holprigen Steinplatten zwischen steinernen Palazzi und Häusern, durch eine idealtypische mittelalterliche Stadt.

In den Gassen fallen die vielen *Souvenirläden* auf. Vor allem *Keramiken* werden angeboten, daneben *Schmiedeeisenarbeiten* und *Holzschnitzereien* – traditionsreiches Kunsthandwerk. Allerdings ist darunter schon auch lieblose Massenware – wenig Wunder, bei einer so schönen und daher auch touristisch attraktiven Stadt, in die täglich unzählige Busse mit Schulklassen und Reisenden strömen.

Gubbios Altstadt klettert ein Stück weit den Abhang des Monte Ingino hoch. Zu dessen Gipfel führt neben einem *Weg* auch eine *Seilbahn*. Nahe ihrer Talstation ist die mittelalterliche Kirche *Santa Maria Nuova*, in der man mir erlaubt, eines der schönsten gotischen Werke Umbriens zu fotografieren: Ottaviano Nellis Fresko *Madonna del Belvedere*.

1 Kirche San Francesco (ab ca. 1256 erbaut) | 2 Ausschnitt des Gemäldes „Madonna del Belvedere“ – eines Freskos von Ottaviano Nelli in der Kirche Santa Maria Nuova (1403 oder 1413 geschaffen), eines der schönsten gotischen Werke Umbriens

Das Herz der Altstadt ist ein riesiger Platz. Dieser Platz begeistert mich immer wieder. In seiner Weite und Leere zeigt er, dass das Einzige, was ein Platz zu seiner Schönheit und Ruhe braucht, Raum ist. Und den bietet er seinen Bewohnern –eine Bühne für ihre Szenen, die niemals gleich sind, ein Terrain für Begegnungen, Feste, Rituale, für ihre Muße oder einfach, um zwischen den Häusern den Himmel zu sehen. Um den Platz zu schaffen, wurden Ende des 15. Jahrhunderts gewaltige Unterstützungsmauern gebaut. Dies war eine der kühnsten städtebaulichen Unternehmungen des italienischen Mittelalters. Diese Mauern tragen nicht nur die große *Piazza della Signoria*, sondern auch den *Palazzo Pretorio*, das heutige Rathaus, und den *Palazzo dei Consoli*.

Der Palazzo dei Consoli mit Stützpfeilern, eleganter Freitreppe, Zinnen und extrem hochliegenden Obergeschoßfenstern zählt zu den eigenwilligsten Profanbauten des Mittelalters und ist das Wahrzeichen Gubbios. Die Museen im Palast beinhalten sehenswerte Exponate. Herausragend darunter sind die *Eugubinischen Tafeln*. Diese sieben Bronzetafeln (3.–1. Jh. v. Chr.) belegen, dass Gubbio in vorrömischer Zeit die mächtigste Ansiedlung der Umbrer war. Die Tafeln geben – in umbrischer Sprache – Aufschluss über Politik und Gesellschaftsordnung sowie über religiöse Zeremonien, Opferrituale und Orakelbefragungen. Man suchte etwa aus dem Flug der Vögel den Willen der Götter zu erkunden. Gut war der Flug der Elster nach Osten, schlecht der der Krähe

1 + 2 Steile, mittelalterlich geprägte Gassen Gubbios | 3 Abendsonne auf dem Palazzo dei Priori (auch Palazzo Pretorio genannt), einem grandios geplanten, aber unvollendet gebliebenen Bau, der heute als Rathaus genutzt wird, sowie, am linken Bildrand, dem klassizistischen Palazzo Ranghiasci-Brancaleoni (frühes 19. Jh.)

nach Westen. Das deutete aber stets der Weissager – der sohin über Krieg und Frieden entschied. Bei schlechten Voraussagen suchte man die Götter mit mehr Opfergaben zu bestechen und setzte die Rituale fort, bis die Zeichen günstig waren. Am feierlichsten waren die Opferzeremonien im heiligen Wald vor der Stadt, wohin man in großen Prozessionen, singend und tanzend, hinauszog (vgl. Henke, S. 239).

In den steinernen Hausmauern der Stadt zeigt sich die Zeit: Handbreit neben einem zugemauerten Fenster wurde im Lauf der Jahrhunderte ein neues gestemmt, dieses wieder geschlossen und ein drittes ins Mauerwerk geschlagen. Auch am *Corso Garibaldi* sehe ich öfters schmale, seltsam hochliegende Türen – die Totentüren, *Porte dei Morti*. Sie führten ins Obergeschoß und wurden angeblich nur genutzt, um Tote aus dem Haus zu tragen. Heute sind sie oft zu Auslagen umgestaltet.

Meine Gänge durch das mittelalterliche Gubbio führen auch zur *Loggia dei Tiratori dell'Arte della Lana* – langgestreckten Logen, unter denen die Wollweber einst die nassen Stoffe auf das richtige Maß spannten. Je höher ich die Gassen hochsteige, desto unbelebter wirkt die Stadt. Zum Flanieren laden die steilen Gassen nicht ein. Auch Gubbios Altstadt ist betroffen von Abwanderung zugunsten der Neubauviertel an der Peripherie. Umso erfreulicher sind dann die kleinen Küchengärten oberhalb der Paläste, mit Oliven- und Obstbäumen, Gemüsebeeten, gemütlichen Sitzplätzen und Weitblicken auf die Stadt und die Ebene mit den Zypressen.

Unten, an der *Piazza G. Bruno*, plaudern die Männer abends beim Aperitif – auch hier ist authentisches Flair noch erlebbar.

1 + 2 Blick von der Via della Zecca auf die NW-Fassade des Palazzo dei Consoli (erbaut 1332–1336)

Eine vielzitierte Merkwürdigkeit Gubbios ist der *Fontana dei Matti*, der Brunnen der Verrückten, am *Largo del Bargello*. Wenn man ihn drei Mal umrundet und dabei laut „sono pazzo", „ich bin verrückt", ruft, soll man die Bürgerschaft Gubbios erworben haben. Schon diese Idee selbst verweist auf das Liebäugeln der Eugubiner mit ihrer „Verrücktheit".

Etwas „verrückt" scheint auch zu sein, was sich seit 840 Jahren immer am 15. Mai in der Stadt abspielt: Da werden unter leidenschaftlichster Anteilnahme der Stadtbevölkerung drei große Holzgebilde, die *Ceri*, Kerzen, mit den Figuren der Heiligen Ubaldus (Patron der Maurer), Georg (Patron der Handwerker und Kaufleute) und Antonius Abbas (Patron der Bauern), vom Palazzo dei Consoli zurück zur Basilika am Monte Ingino geschafft: Konkret heißt das, dass Hunderte Kilo schwere Figuren von jeweils zehn Männern durch die wogende Menge, in halsbrecherischem Tempo den Berg 300 Höhenmeter hinauflaufend, befördert werden! Dies ist wohl eines der spektakulärsten und weltweit bekanntesten Feste.

Als ich tags darauf, vorbei beim *Palazzo Ducale* und dem gotischen *Dom*, den Monte Ingino (827 Meter) zur *Basilica Sant'Ubaldo*, hochsteige, erlebe ich ein wichtiges Fest im Vorfeld mit, denn am ersten Sonntag im Mai werden die Ceri nach Weihe und Messe in einer Prozession von ihrem Aufbewahrungsort, der Basilika, hinuntergeleitet zum Palazzo dei Consoli. Noch nie im Leben habe ich so viele

1 Piazza della Signoria mit Palazzo dei Consoli (erbaut 1332–1336) | 2 Kinder im schwarzen Dress auf der Sant'Antonio geweihten Kerze bei der feierlichen Prozession am ersten Sonntag im Mai, an dem die Ceri von der Basilica Sant'Ubaldo in den Palazzo dei Consoli heruntergebracht werden

Menschen bei einem Volksfest gesehen. Auf den von tausenden Menschen, dicht an dicht, vorn und hinten begleiteten Kerzen sitzen Kinder. Ihnen voran schreitet eine Musikkapelle. Dann folgt die nächste Kerze. Keine Touristen, keine Videokameras, kaum Fotoapparate. Die Leute feiern dieses Fest um seiner selbst willen und sind in gehobener, festlicher Stimmung. Mitunter wird gesungen, auch getanzt. Sobald der Zug unten in der Stadt ist, läuten die Kirchenglocken und im Rathausturm schlägt die Glocke permanent, in einem langsamen Rhythmus.

Ich setze indes meinen Spaziergang die Serpentinen hinauf zur Basilika weiter fort und genieße die Ausblicke. Die *Seilbahngondeln* schweben wie luftige Salzstreuer einsam über mich hinweg. Aus der Stadt sind Trommeln zu hören, mal näher, mal ferner, und zwischen den Häuserschluchten sieht man zahllose Menschen Spalier stehen, die dem Zug euphorischen Beifall spenden. In der Basilika bin ich mit etwas Eigentümlichem konfrontiert – dem *mumifizierten Körper von Sant'Ubaldo*, dem Stadtheiligen Gubbios. Bischof Ubaldo Baldassini soll die Einwohner Gubbios mit seinen magischen Kräften vor jeglicher Gefahr gerettet haben und wurde 1192 heiliggesprochen. Die Kirche gefällt mir wenig, der Spaziergang zu ihr aber sehr.

Währenddessen feiern die Menschen in der Stadt weiter, lachen, trinken, singen und tanzen auf den Plätzen. Dies ist kein Touristenspektakel, authentischer könnte es gar nicht sein. Aber wie muss es hier erst am 15. Mai zugehen?!

Abends leert sich langsam der grandiose Platz und nimmt erneut sein Gespräch auf mit dem Palästen und mit dem Himmel …

1 Die Piazza della Signoria mit Palazzo dei Consoli am Abend des ersten Sonntags im Mai | 2 Kinder in Gelb, der Farbe des hl. Ubaldo, auf der ihm geweihten Kerze | Seite 71: Bronzestatue, Franziskus mit dem Wolf zeigend, bei der Kirche Santa Maria della Vittoria

DER WOLF VON GUBBIO

Es sei eine Lupa gewesen, eine Wölfin, weiß man in Gubbio zu berichten. Noch vor kurzem hätte man ihre Knochen in einem kleinen Sarg sehen können. Solche Aussagen gehen wie selbstverständlich davon aus, dass sich die Geschichte auch so zugetragen hat, wie sie erzählt wird. Doch erzählt diese wunderbare Legende keine tatsächliche Begebenheit. Sie ist darum auch keine eigentliche Tiergeschichte, sie ist vielmehr ein pädagogisches Lehrstück zur Überwindung der Angst, zur Kraft des Kreuzes und zur Gewaltlosigkeit. Der Wolf ist vor allem Metapher, gemäß dem Wort Jesu: „Ich sende euch wie Lämmer unter Wölfe“ (Mt 10,16). Franziskus macht dies in seiner Regel (Nichtbullierte Regel 16,1) zum Leitsatz des franziskanischen Lebens. Diesen versucht die Legende als Geschichte zu erzählen, aus der man etwas lernen kann.

Gemeint ist dies: Das in der Welt herrschende Gesetz ist das der Wölfe: „Homo homini lupus – der Mensch ist dem Menschen ein Wolf“, jeder frisst jeden, Gewalt und Tod sind die Mittel, mit denen der eine die anderen gefügig macht. Auch der religiöse Mensch kann ein Wolf sein: Konfessions- und Religionskriege, „Gottesstreiter“ gibt es bis heute genug. Vor dem „Lamm Gottes“, vor Jesus, der dem Gesetz der Un-Schuld, der Gewaltlosigkeit, der Ohn-Macht, der Verletzlichkeit und Verwundbarkeit folgt, haben sie keinen Bestand! Nichts haben sie begriffen vom Knecht Gottes, dem Messias, der die Logik der Rettung, die Dynamik des Heils, Frieden und Gerechtigkeit entschieden radikal gewaltlos auf sich nimmt und als Schaf – als Opfer der Wölfe! – am Kreuz gerissen wird.

Es gibt keine Sendung, die nicht von da ausginge! Der Christ hat, wie Franziskus es zeigt, dem Gesetz der Wölfe das Gesetz des Lammes entgegenzusetzen, der Machtgebärde die Lebensform der in-nocentia, des Nicht-schuldig-Werdens und des Nicht-schaden-Wollens. In „Gubbio“ zeigt sich die Hoffnung, dass der Wolf sich in die Lebensform des Lammes wandeln lässt und dass die absolute Gewaltlosigkeit den Frieden bringt.

In den franziskanischen Quellen gibt es an die 50 Geschichten, in denen das Tier als Tier genommen wird. Wir dürfen sogar sagen, dass es in diesen Anekdoten zum ersten Mal nicht als Sache angesehen wird, die man für eigene Zwecke gebraucht, entweder zur Unterhaltung und Belehrung oder als Besitz und Statussymbol. Die Tiere sind Subjekte mit einem Anspruch auf Freiheit, Schwestern und Brüder, die Gott loben und preisen, die mit Franziskus zusammen den großen Schöpfungsgesang anstimmen. Fast allen Geschichten ist gemeinsam: Franziskus lässt sie frei, er will sie nicht besitzen.

Eine entscheidende Rolle spielt dabei die berühmte Vogelpredigt. Franziskus sieht eine große Schar verschiedenster Vögel. Er geht auf sie zu, – und diese fliegen erstaunlicherweise nicht weg. Franziskus spricht mit ihnen, und diese scheinen ihm zuzuhören. Diese Erfahrung ist für ihn eine wahre Entdeckung: Fortan will er allen Tieren mit Ehrfurcht und Respekt begegnen.

In den Texten, die Franziskus selbst geschrieben hat, ist das alles schon grundgelegt. Sogar wilde Tiere sind Offenbarungsträger. In ihnen wird Gott selbst transparent. Deswegen darf man sich ihnen nicht verschließen. Man muss die Augen aufmachen, um das letzte Geheimnis Gottes zu sehen, die Ohren, um den Willen Gottes zu erkennen – gerade auch bei Wölfen.

Anton Rotzetter

9. TAG
GUBBIO – MENGARA

An den Weg, den der heilige Franziskus 1206 von Assisi nach Gubbio gegangen war, nachdem er Familie, Heim und Besitz für immer verlassen und seinen neuen Lebensweg eingeschlagen hatte, erinnert der *Sentiero Francescano della Pace* – der Friedensweg, der auf dem mittelalterlichen Wegenetz basiert und die beiden Städte verbindet. Dieser bestens markierte Weg führt mich fünfzig Kilometer auf den Spuren des Heiligen bis Assisi.

Zuerst ist ein Stück Peripherie Gubbios zu durchwandern. Wenig später kommt man zur Kirche *Santa Maria della Vittoria*. Sie ist offen. Mir gefällt es, in diesem kleinen, alten Kirchlein mit den schönen *Fresken*, u. a. verschiedene Wunder Franziskus' darstellend, allein zu sein. Hier war das erste Kloster der „Minderbrüder", außerhalb der Stadtmauern und damals in einem Wald gelegen. An diesem Ort soll auch die legendäre Begegnung Franziskus' mit der Wölfin stattgefunden haben. Bei der Kirche erinnert ein *Bronzerelief* an diese Begebenheit und eine *Statue*, die den Heiligen zeigt, wie er sich liebevoll dem für eine Bestie gehaltenen Tier zuneigt.

Dort erzählt mir eine alte Italienerin stolz, wie viele PilgerInnen verschiedenster Nationen den Spuren „ihres" Heiligen, der ja Landespatron Italiens ist, folgen. Am Ende wünscht sie mir „Pace!", Friede.

Der Weiterweg ist schnurgerade und unaufregend. Bis *Cipoletto* folgt er wieder einem schmalen Asphaltsträßchen und führt ab da einem kleinen Kanal entlang.

1 Santa Maria della Vittoria, oder „La Vittorina", 853 zum Gedenken an den Sieg über die Sarazenen (Muslime) erbaut. Von 1213 bis 1240 war hier der erste Konvent der „Minderbrüder". Bis 1514 wurde er dann von Klarissen genutzt. | 2 Fresko (17. Jh.) in der Kirche S. Maria della Vittoria | 3 Blumen säumen die Straße (4) nach Mengara.

Man kommt an neu erbauten Siedlungen vorbei, an Küchengärten, an Feldern und Wiesen. Der Himmel ist graublau und es nieselt. Ich habe Hunger. Dies ist der erste Tag meiner Wanderung im Frühling und ich war morgens derart „gierig" auf das Gehen, dass ich mir keine Zeit nahm, für eine Jause zu sorgen. Gleich bei den ersten Schritten verfiel ich in meinen langsamen Trott, den ich mir auf dem spanischen Jakobsweg angeeignet habe, und merkte, wie mein Körper auf die Bewegung reagierte – als ob Regen auf die Wüste fiele.

Die Bar in *Ponte d'Assi* ist dann meine Rettung. Der Barkeeper ist schlecht gelaunt, die Mini-Pizza und das Vanille-Hörnchen sind aber köstlich und fast geschenkt. Im Umfeld Gubbios gibt es offenbar viele Mittelalterfans, denn neben Tankstelle und Autoshop ist hier ein großes Geschäft, das „alles für den Ritter" führt: Kettenhemd, Helm, Schild, Rüstung, Wappen, Lanze, Handschuh…

Dann folgen etwa vier Kilometer Landstraße, erst sanft, dann stärker bergan steigend bis *Mengara*. Dieser Abschnitt ist hübsch und es öffnet sich ein schöner Blick auf das Tal mit Gubbio. Leider ist er heute getrübt durch das graue Wetter. Vielleicht färbt das meinen Rückblick auf die heutige Strecke als eine im Ganzen doch eher „nüchterne". Viel später wird mir die deutsche Pilgerin Jeannette sagen, was immer wir erzählen über einen Ort, das Wetter, eine Situation, einen Menschen sage am meisten über uns selbst. Ich glaube ihr.

Nach fünfeinhalb Stunden bin ich in Mengara, auf ca. 670 Metern Seehöhe: einige verstreute Häuser und an den Ortsenden je ein Agriturismo als Nächtigungsstätte.

1 Hier soll die legendäre Begegnung des Heiligen mit der Wölfin stattgefunden haben. Ein Bronze-Flachrelief nahe der Kirche S. Maria della Vittoria, 1988 von Farpi Vignoli geschaffen, erinnert daran. | 2 Leuchtendes Gelb unter einem düsteren Regenhimmel

10. TAG
MENGARA – VALFABBRICA

Heute dagegen kommen nur Geschenke: prächtigstes Wetter, weite Fernblicke auf blau hintereinander gestaffelte Hügelkämme, Wiesen mit Millionen Blumen, eine sehr schöne, einsame Etappe, mit nur wenigen Gebäuden in naturbelassener Umgebung. Der Weg besteht aus einer abwechslungsreichen Folge von ebenen oder auf und ab führenden Karrenwegen oder schmalen Waldpfaden.

Die erste Rast halte ich bei der Kapelle *Madonna della Ripa*: Bienensummen und Wasserfallrauschen weben einen leisen, zweifärbigen Klangteppich, den die hellen Vogelstimmen arabesk akzentuieren.
Ein Steinkreis auf der Wiese zeugt von der Pause, die Vorbeikommende hier machten. Ich blättere in den Büchern mit Einträgen von Pilgern. Sie kommen aus Italien, Deutschland, Österreich, Holland, aus der Schweiz, aus ganz Europa, Amerika, sogar Asien. Darin ist zu lesen von Dankbarkeit und Begeisterung für den Weg, von Gedanken an Zuhausegebliebene, von Gott. Ein Paar ist zur Feier seines 40. Hochzeitstages unterwegs; zwei, die von Niederösterreich nach Assisi wandern, äußern Freude am vielfältigen Genießen, die italienische Küche inklusive. Ein Vater ist mit seinem Sohn aus Los Angeles, Kalifornien, hergeflogen. Sie verdanken dieser Reise einige der besten Augenblicke ihres Lebens. Eine Frau denkt an ihre Freundin, die heute mit ihrer Chemotherapie beginnt. Und was schreibe ich? Ich gehe langsam weiter und schaue genau hin, auf meine Wünsche, Angst, Hoffnungen, Traurigkeit, Sehnsucht. Das tut gut.

1–3 Dieser Wandertag beschert Rot, Gelb, Blau, Grün – Blumen, Wiesen, Wasser, Luft.

Währenddessen raschelt es oft – kleine Smaragdeidechsen sonnen sich am Weg und flüchten unter das Laub am Rand.

Die nächste Rast halte ich an einem Wiesenabhang und notiere: All das ist so wunderbar – das Gehen, die Sonne, die Jause, die Blumenwiese, das Zirpen der Grillen, die Vogelstimmen, die Schmetterlinge und der blaue Himmel mit Wolken wie auf alten Kirchenfresken … Von hier sieht man zum Kloster *San Pietro in Vigneto*. Dort stand schon immer eine Klause, die Pilger auf dem Weg nach Rom aufnahm. Auch Franziskus kehrte hier ein. Hier lebt heute noch ein Einsiedler. Vorhin kam ich am Tor vorbei. Der Mönch erlaubt keine Besuche. Eine Tafel listet seine Gebetszeiten – fünf täglich. Seine völlig einsame Lebensweise macht mich nachdenklich – über die eigene Spur im Leben, den Wunsch, etwas beizutragen zum Wohl des Umfelds … Das tut dieser hier einsam seinen Gebeten nachgehende Mann bestimmt auch. David Steindl-Rast betont, dass für die Gesellschaft Einzelgänger, die ihrer Berufung folgen, genauso wichtig sind wie kontaktfreudige Menschen (vgl. Steindl-Rast, S. 15). Ich stelle es mir in jedem Fall äußerst herausfordernd vor, sich in seiner „Zelle" allem allein zu stellen.

Hell-schottriger Karrenweg führt anschließend zur *Burg Biscina*. Eigentlich ist sie eine Ruine – eine „schaurig schöne", die bei Mondlicht und Windgeheul ein formidabler Drehort von Gruselfilmen wäre.

Dem *Lago di Valfabbrica* entlang folge ich der Straße und komme vor Valfabbrica an den *Fiume Chiasco*, wo sich zwei mittelalterliche Hauptverkehrswege gekreuzt hatten. Hier hat Franziskus wohl den Fluss in einem Kahn überquert.

4 Der Fiume Chiasco, zu Franziskus' Zeiten hat er wiederholt starke Hochwässer geführt. An dieser Stelle haben mittelalterliche Reisende den Fluss in einem Kahn übersetzt.

11. TAG VALFABBRICA – ASSISI

Inmitten der Steinhäuser im hübschen Ortskern von *Valfabbrica* ist auch das *Ostello del Sentiero Francescano*. Morgens bekomme ich an der Hauptstraße von der netten Konditorin in der Pasticceria ein exzellentes Frühstück und wandere los, vorbei beim *Hotel Villa Verde*.

Es ist bedeckt und schwül heute Morgen. Das erste Straßenstück versüßt das vielstimmige, helle Zwitschern der Vögel. Immer wieder malt eine Schwalbe schwungvoll eine elegante schwarze Kurve auf die graphitfarbene Leinwand des Himmels. Der Weiler *il Pioppo* besteht aus zwei, beidseits der Straße liegenden Häusern. Hier ist heute ein komfortabel wirkender Agriturismo. Wenig später biege ich rechts in eine Schotterstraße ein und steige im *Fosso delle Lupe* (Wölfinnengraben) bergan. Nach einem zweiten Agriturismo wird der Anstieg durch den Wald steil und schweißtreibend. Dampfend trocknet die vom nächtlichen Regen feuchte Erde auf. Dort ist es bei ergiebigerem Niederschlag sicher matschig und die Straße empfehlenswerter.

Oben weitet sich die Landschaft – die Valle Umbra, die ich drei Tage lang bis Spoleto durchwandern werde, liegt vor mir. In diesem mediterranen Becken wird (Trebbiano-)Wein gezogen, gedeihen Maroni und schwarze Trüffel, wird in Tallagen Getreide und Tabak angebaut. Aber vor allem prägend für das Landschaftsbild seit ewigen Zeiten ist der *Olivenbaum* mit den charakteristischen Strukturen der Haine. Die alten Kulturen, die Bäume selbst, weisen weit in die Vergangenheit,

1 Blick auf das Etappenziel Valfabbrica (3500 Einw., 289 m) | 2 Ostello del Sentiero Francescano im Zentrum des Städtchens | 3 Konditorei an der Hauptstraße des Ortes | 4 Olivenhain bei Assisi im Abendlicht

erinnern an das Alte. Wind und Licht aber erinnern an die Gegenwart: Der Wind spielt in den schmalen, glatten Blättern. Sie rascheln und bewegen sich – mal ist ihre dunkelgrüne Oberseite, mal ihre fast weiße Unterseite oben. Und das Licht lässt ihre glatten, dunklen Seiten silbrig glänzen. Der Wechsel ist rasch und schillernd wie Lichtreflexionen im Wasser.

Knapp bevor man am Ende der eineinhalb Straßenkilometer nach links in den Karrenweg abbiegt, ist zum ersten Mal die *Kathedrale von Assisi* zu sehen. Ich kann nicht anders als den Anblick „erhebend" nennen: Das Heitere in mir bekommt dabei eine festliche Krone. Den Vormittag über hat sich die Sonne gegen die Wolken durchgesetzt, und auch die dichte Wolkendecke über Assisi wird rasch hell und gibt bald der Sonne jeden Raum. Ich folge dem Karrenweg hinunter zum Rastplatz am Bach zwischen hellgrünen Eichen. Am Wasser ist der Vogelgesang wieder lauter. Ich setze mich hin und lausche. Es ist schön, wieder nach Assisi zu kommen. Doch ich zögere die Ankunft hinaus, genieße die Vorfreude, den festlichen Augenblick und notiere das heute Bemerkte – einen inneren „Ruck": Nach meiner Erfahrung vollzieht sich seelische Entwicklung langsam, fast unbemerkt. Manchmal im Leben aber ist sie plötzlich erlebbar. Heute geschieht mir das. Ich nehme eine größere Bereitschaft wahr, weder in die Idealisierung noch in die Verachtung zu gehen, Spannung und Widerstand leichter auszuhalten. Es ist zart, aber klar da. Kurz darauf begrüßt mich ein älterer Herr, winkt und ruft „Salve!"

Es ist eine Hochstimmung in mir, als ich in Assisi ankomme. So blau ist der Himmel, so erhaben das Kloster! Ich bin neugierig.

1 Frühlingswiese | 2 Sacro Convento (Kloster) mit Doppelbasilika San Francesco in Assisi – der Oberkirche (1230–1253) für die Seelsorge und der Unterkirche (1228–1230) mit dem Grab des Heiligen (Krypta 1822–1824). Dies ist einer der wichtigsten Sakralbauten Italiens. | Seiten 78–79: Im Entree des Minervatempels – eine Nonne auf Ferien

12. TAG
ASSISI

Eben wurde mir im Herzen des *Sacro Convento* die älteste Niederschrift des Sonnengesangs (Codex 338) gezeigt. Stefano, der Bibliothekar und Hüter der wertvollen Handschriftensammlung „Fondo Antico", las einige Verse im umbrischen Dialekt des frühen 13. Jahrhunderts daraus vor, feierlich und berührt. Dann erzählt er mir über diese Handschriften, deren älteste auf das Jahr 709 zurückgeht: Die Tinte gewann man aus Galläpfeln. Mit Eisensulfat versetzt, oxidierte sie auf dem Papier und wurde nach Stunden zur tiefschwarz glänzenden und (bis heute!) licht- und luftechtesten Tinte. Mit ihr schreibt man „für die Ewigkeit". Geschrieben wurden meist auf Schaf- oder Lammhaut – in säuberlichster, winziger Schrift. Nach nur wenigen Jahren war das Augenlicht der mittelalterlichen Kopisten über dieser Tätigkeit verbraucht. Heutzutage sind die Manuskripte des Archivs alle digitalisiert und auf der Bibliothekswebsite einsehbar.

Siebzig Brüder aus achtzehn Ländern leben hier. Einige lerne ich kennen. Die Augen dieser Männer sprechen von ihrem Kontakt zur inneren Quelle ihrer Freude. Ich darf den klösterlichen Säulengang betreten. Durch dessen Bögen fällt der Blick ins weite Land. Es ist ein Ort der Sammlung und des Austausches von Innen und Außen – dieses bauliche Spiegelbild für die Durchlässigkeit der Bereiche lädt zur Öffnung ein. Der Stein ist hell, die Bögen hoch – alles wirkt leicht und nach oben strebend. Es ist mehr als schön, es macht fröhlich, leicht.

1 + 3 Asissi und Umgebung | 2 Den Grundstein für San Francesco legte Papst Gregor IX. am 17. Juli 1228, am Tag nach Franziskus' Heiligsprechung. Schon 1230 wurde sein Leichnam hierher überführt. | 4 Kreuzgang | 5 Franziskaner | 6 Kloster-Außenansicht

Wenig später werde ich von Fra Carlo Botero, dem Chefbibliothekar des Klosters, humorvoll und mit herzlichem Händedruck autorisiert, die hier befindlichen, weltberühmten Fresken zu fotografieren. Fünf Millionen Menschen besuchen alljährlich diese Stätte, die von der UNESCO zum Weltkulturerbe erhoben wurde. Auch heute ist viel los: Die hohe, helle, in vielem französischen Kathedralen ähnliche Oberkirche mit ihren prächtigen Glasfenstern, die alle dreiundzwanzig Erdbeben bisher überstanden haben, und ihren berühmten Fresken von Meistern wie Giotto di Bondone erleben offenbar viele eher als Kunst- denn als Andachtsraum und die Wärter haben wenig Chance mit ihren Rufen nach „Silenzio!" und „No photo!".

Dann nehme ich in der Krypta Platz, einem schlichten Raum mit niedrigem Steingewölbe (ca. 1930 neoromanisch umgestaltet). Von irgendwo schwappt gesungenes Amen wie Wellen heran. Franziskus ist in einem freistehenden Steinsockel bestattet. Diesem Grab kann man sich nähern. Sein Leichnam wurde zuletzt 1978 untersucht. Er war klein, zart, unterernährt. Und er muss überwältigend charismatisch, seine Liebe mitreißend gewesen sein. Adelige, Kaufleute, Juristen, Priester, Bauern, Ritter verschenkten alles, verließen Familien und Wohnsitz und folgten ihm – in zwölf Jahren waren es tausende Menschen. Am Anfang wurde er verlacht und verhöhnt. Ehe er seinen Weg erkannt hatte, war sein Ziel, als Ritter Ruhm und Reichtum zu erwerben, aber nach einem Traum kehrte er unverrichteter Dinge zurück aus dem Kampf. Ein Denkmal vor der Kirche zeigt seine „Niederlage". Mit ihr begann eine chaotische Zeit der Sinnsuche. In der erfasste er seinen wahren Weg und dass sein Herr kein Herzog war, sondern Gott.

1 Herausragend in der Oberkirche sind die 28 Fresken (um 1300, teilw. von Giotto di Bondone bzw. dessen Werkstatt gemalt), die Franziskus Christus gegenüberstellen und zeigen, wie er in seinem Leben Christus nachahmend folgte. | 2 Fresko „Stigmatisation", 270 x 230 cm (1297–1300), Giotto(-Werkstatt)

Assisi hat eine zweite Basilika – groß, aus rosa und weißem Stein geschichtet, mit gewaltigen Stützpfeilern steht sie da – die *Basilica di Santa Chiara*. Sie ist die Ordenskirche der Klarissen und zugleich die Grabeskirche von Franziskus' Weggefährtin, Klara Favorone, der ersten Frau, die sich ihm anschloss. Eines der Gemälde im schlichten Kircheninneren illustriert Thomas von Celanos Erzählung jener Nacht, als die etwa achtzehnjährige Adelige aus ihrem Haus nach Portiuncula floh, wo sie die Brüder, die am Altar Nachtwache hielten, mit Fackeln empfingen. Franziskus schnitt ihr dort das Haar und sie legte für immer ihre farbige Kleidung ab. Der Heilige brachte Klara in San Damiano unter, wo sie den Klarissen-Orden gründete und bis zu ihrem Tod 1253 lebte. Zwei Jahre später wurde sie heiliggesprochen. Weil das Leben in einem Frauenkloster außerhalb der Stadt zu gefährlich war, zogen die Schwestern vier Jahre später nach Santa Chiara um. 1260 wurde Klara in der Basilika bestattet. Im Mittelalter waren Reliquien auch ein Wirtschaftsfaktor – daher blieb auch ihr Sarg jahrhundertelang vor Reliquienräubern versteckt. Die *Krypta* mit ihrem Grab wurde 1935 neugotisch umgestaltet. Darin ist ein *Glassarg* samt Wachsimitat ihres Leichnams.

Vor allem befindet sich in der Kirche (in der *Capella del Crocefisso*) ein die Lebensrichtung des Franziskus bestimmender Weg-Weiser: das *originale Kreuz*, vor dem er in San Damiano die Worte vernahm: „Gehe hin und stelle meine Kirche wieder her, die zu zerfallen droht." Dieser

1 Basilica di Santa Chiara (1257–1265 erbaut) | 2 Taufbecken im Dom San Rufino – hier wurde Franziskus getauft | 3 Zugang zu einer der drei möglichen Geburtsstätten von Franziskus – die Kapelle San Francesco Piccolino, die einst ein Stall mit Ochs und Esel war

Gekreuzigte ist kein Leidender, sondern jemand, der sein Los freiwillig, offenen Auges, auf sich nimmt. Franziskus hatte das Kreuz Klara vermacht. Als die Klarissen hierher umzogen, nahmen sie es mit.

Diesen Tag widme ich einigen Kirchen Assisis. Die romanische, rosagraue Steinkirche *San Pietro* empfinde ich als mystischen Ort: hoch, schmucklos und mit nur wenig Licht, das durch die Fensterrosetten ins Innere fällt. Ein Meisterwerk umbrischer Romanik ist die Kathedrale Assisis, der dem frühchristlichen Märtyrer geweihte Dom *San Rufino* aus dem 12./13. Jahrhundert. Auf seiner Fassade tummeln sich monströse Tiergestalten, Masken und archaische Figuren. Die drei Portale zieren Medaillons mit Blüten, Greifen, Adlern, Kreuzen. Die Eingänge flankieren steinerne Löwen. Im Dom befindet sich das Taufbecken, an dem Franziskus, Klara und der Stauferkaiser Friedrich II. getauft wurden. Im stimmungsvollen romanischen Steinkirchlein *Santo Stefano* begehen tschechische Pilger ihre Messe mit Gesang und Gitarrenklang. Diese Kirche ist im Sommer eine beliebte Begegnungsstätte deutscher und niederländischer Pilger. Die Legende sagt, ihre Glocke habe in Franziskus' Todesstunde von selbst zu läuten begonnen. Weiters gibt es in Assisi die Kirchen *Santa Maria Maggiore, San Giacomo di Muro rupto, San Francescuccio,* die *Chiesa Nuovo* und das *Oratorio dei Pellegrini* …

Ich frage beim *Klarissenkloster der Deutschen Schwestern* um Quartier. Drinnen singt eine Pilgergruppe den Sonnengesang. Eine Kirchenglocke läutet in den Abend. Am Ende der Gasse reicht der Himmel bis auf den Grund und der Tisch im Restaurant an der Kante ganz außen scheint über der Ebene zu schweben.

1 Santa Chiara: romanisch-umbrisches Kreuz (12. Jh.), auf Leinen gemalt, das auf Nussholz gespannt wurde; früher dürfte es auf einem Balken gestanden haben (vgl. Freeman, S. 72) | 2 Portalschmuck am Dom San Rufino (Baubeginn 1134): die Muttergottes und der Märtyrer San Rufino; das Kircheninnere wurde (1571) neugestaltet.

Eine batteriebetriebene weiße Taube fliegt immerzu im Kreis in einem der zahlreichen Souvenirshops Assisis. Die Regale quellen über von Franziskusfiguren jeder Größe – Franziskus segnend, mit dem Wolf sprechend, den Vögeln predigend, Kapuzinermönche als Salz- und Pfefferstreuer, Spardosen, Kerzenhalter. Die Stadt ist reich geworden an ihrem „kleinen Armen“, dem „Poverello“, wie sich Franziskus nannte, der sich so dezidiert von der Habgier abgewandt hatte. Das Ausmaß des Kitsches ist frappierend. Allerdings bieten manche Läden auch gediegenes Handwerk an, wie feine Leinenwaren, oder qualitätsvolle Naturprodukte aus Oliven – vom Öl, über Seife, zu Schneidbrettern und Möbeln. In der Stadt des heiligen Franziskus ist der Kommerz zu Hause. Ein Mann in einer Jute-Kutte redet auf mich ein, über die Thesen eines Propheten, zu dessen Kreis er gehört, und schließlich, dass ich ihm das Buch des Propheten abkaufen oder eine Spende geben solle. Tagtäglich schieben sich Busladungen von Besuchern durch die Gassen, so dicht, dass es Fußgängerstaus gibt. Der Trubel ist wahr – genauso wie die fantastische Kirche, dieser riesige Monolith aus weißem Stein, innen wie ein Buch mit Bildern aus dem Leben des Heiligen bemalt, das Kloster mit dem Kreuzgang, die Mönche, der Sonnengesang.

Ein Stück authentischen Lebens verkörpern auch die einheimischen Senioren, die sich jeden Tag an der *Piazza del Comune*, dem gemütlichen Hauptplatz mit seinen mittelalterlichen *Palazzi* und

1 Brunnen an der Piazza del Comune, dem gemütlichen Hauptplatz Assisis | 2 + 5 Darstellerinnen beim jährlichen Mittelalterfest im Mai, Calendimaggio | 3 Ein „Nachfolger“ von Franziskus? | 4 Assisi ist auch eine Stadt geistlicher TouristInnen.

Straßencafés, zum Plausch treffen – vormittags in der Sonne am Brunnen, nachmittags im Schatten des *Palazzo dei Priori*. Dieser Palast ist neben dem römischen *Minervatempel* mit seiner imposanten *Säulenfront* prägend für den Platz. Der Tempel wurde 1539 zu einer *Kirche* umgestaltet. Auf mich wirkt sie wenig sakral. Aber vielleicht bin auch abgelenkt von den Touristen, die auf den Stufen des Tempels bei Pizza und Eis Rast halten. Die Gassen sind schmal in Assisi. Der Busfahrer grinst, als ich mich mit einer Grimasse an eine Steinmauer drücke. Ich sehe der Hauswand hoch. Aus dem Fenster schaut eine Nonne. Sie winkt mir lächelnd.

Später stoße ich auf die Proben zum jährlichen Mai-Fest, dem *Calendimaggio*. Im 14. und 15. Jh. lieferten sich der obere und der untere Stadtteil Assisis blutige Machtkämpfe. Im heutigen, dreitägigen Fest fordern sich die Gruppen heraus in friedlichen Disziplinen wie Musikspiel, historischer Kostümierung und der Darstellung mittelalterlicher Szenen. Eine Jury bewertet die Wettspiele. Engagement und Freude der Darsteller an diesem Fest sind deutlich merkbar. In ihren Kostümen scheinen sie mir direkt alten Gemälden entstiegen zu sein. Ihre Gesichtszüge, ihr olivfarbener Teint, sind ganz dieselben. Zwischen den Proben rauchen und telefonieren sie, die direkt aus der Renaissance zu sein schienen, am Mobiltelefon.

Von der *Rocca Maggiore*, der mächtigen Burgruine, genieße ich den Blick auf das Gewirr der steilen und engen Gassen dieser Stadt. Inzwischen kenne ich den Trubel darin, trotzdem macht mich Assisis Anblick jedes Mal froh, vielleicht in der unverwüstlichen Hoffnung, dass der Santo Spirito gewichtiger ist als die Materie.

1 Die Rocca Maggiore, im 12. Jh. von Friedrich II. erbaut, mehrfach wiederaufgebaut, heute primär geprägt von Bauten aus dem 14. Jh. | 2 Feines Leinen in einem der Läden | 3 Assisi (28.000 Einw., 424 m) – erbaut aus der pietra d'Assisi vom Monte Subasio. Original Mittelalterliches gibt es aber fast nur östlich des Domes.

SAN DAMIANO

Schon der Abendspaziergang von Assisi hinaus zum Kloster *San Damiano* durch Olivenhaine mit Blick auf die Ebene, der wolkenlose Abendhimmel, das im Wind wogende Gras, die Kapelle mit den Sternen im kobaldblauen Plafond – alles hat einen Goldrand heute, wohl auch wegen der Anrufe zweier meiner Liebsten.

Und dann das Kloster San Damiano! Der schlichte, alte Bau aus hellem Stein wirkt einladend, schon allein durch seinen großen Vorplatz. Ein Lautsprecher überträgt angenehm leise die Vesper heraus in den Abend. Hier, in der Sonne, stehen drei einzelne Frauen und beten mit. „Santa Maria, Madre di Dio,"... Ich gehe in die *Kirche*. Im alten *Chorgestühl* sitzen Franziskaner, in den Reihen einige Nonnen, sonst meist junge Italiener. Sogar in der *Seitenkapelle* sind die Bänke voll besetzt von jungen Burschen, die hier wie Reservespieler bei einem Fußballmatch wirken. Sie alle beten den Rosenkranz engagiert mit. „Il Signore è con te,"... Ich fühle mich wohl in der Kirche, das Mantrenartige des Gebetes fällt auf, das Beruhigende des wiederkehrenden Rhythmus, das Leerwerden des Geistes, wenn die immergleichen Formeln stets aufs Neue wiederholt werden. „Ave Maria, piena di grazia",...

Trotzdem: Der Abend ist ein glorreicher, goldener. Er zieht mich hinaus. Gleich darauf sehe ich eine *Skulptur*, die Franziskus unter einem Olivenbaum sitzend, nach *Santa Maria degli Angeli* blickend zeigt – dorthin, wo er am Abend des 3. Oktober 1226 sterben wird – „nackt auf

1 Fresko der hl. Klara im Kloster San Damiano (Kapelle San Girolamo), zwischen 1517–1522 von Tiberio d'Assisi gemalt

der bloßen Erde liegend, laut singend" (Doderer, S. 53). Dorthin gehe ich.

Anderntags kehre ich wieder, um das Kloster, das für Franziskus so wichtig war, besser kennenzulernen: Hier hatte das *Kreuz* gehangen, von dem er seine Sendung vernommen hat – das zerfallende Haus Gottes wiederherzustellen. Er verstand das erst wörtlich und restaurierte San Damiano und andere Kirchen. Hier hat er die erste Frau untergebracht, die sich ihm anschloss: Klara Favorone. Diese Frau war sein „Lebensmensch". Klara gründete hier ihren Orden, die Klarissen. Zu ihr war er auch 1225 zurückgekehrt, als er wieder sehr an seiner schweren Augenkrankheit litt, derenwegen er wochenlang in einer nachtdunklen Zelle lag. In diesen Tagen der Finsternis dichtete er seine Hymne an die Herrlichkeit des Lichts, der Sonne, der Schöpfung – den *Sonnengesang*. Der Text ist auf einer Marmortafel am Vorplatz zu lesen.

Beim heutigen Rundgang betrachte ich das *Holz-Kreuz* (1637) in der Kapelle vor der Kirche genauer: Steht man rechts davon, sieht man Jesus im Todeskampf, von vorn zeigt es ihn sterbend und von links friedlich gestorben. In der Kirche selbst hängt eine *Kopie des Kreuzes*, vor dem Franziskus sein Weg gewiesen wurde. Durch den *Kreuzgang mit Fresken* (1507) von Eusebio da San Giorgio kommt man zum *Refektorium*, einem dunklen Gewölbe-Saal mit Fresken, langen Holztischen und -bänken, denen die Jahrhunderte anzusehen sind. Klaras Platz ist mit Blumen geschmückt, genauso wie die Stelle im *Dormitorium*, an der sie am 11. August 1253 gestorben ist, zwei Tage, nachdem der Papst ihre Ordensregel bestätigt hatte.

1 Franziskusstatue von Fiorenzo Bacci (2007) bei San Damiano | Seite 89: Im Inneren der bombastischen Basilica Santa Maria degli Angeli, der siebtgrößten Kirche der Christenheit (erbaut 1565–1685): die Kapelle Portiuncula. An ihrer Schwelle künden Metallbuchstaben „Hic locus sanctus est" (Dies ist ein heiliger Ort).

FRANZISKUS & PORTIUNCULA

Dieses kleine Stück Erde (= Portiuncula) ist von großer emotionaler Bedeutung. Es sollte Mutter und Mitte sein.

Hier restaurierte Franziskus das zerfallende Kapellchen, dabei erlebte er zum ersten Mal die Verbundenheit Klaras, die ihm und seinen Mitarbeitern etwas zum Essen schickte. Hier wird er ihr später die Haare schneiden und sie in die Gemeinschaft aufnehmen. Hier, beim Hören der Aussendungsrede Jesu, brach es aus seinem Innersten: „Das ist es, ja das, was ich von ganzem Herzen tun möchte!" Hier begegnete er der bedingungslosen Liebe Gottes, der „Gnade allein!", wie er schon lange vor Martin Luther sagte. Hier sollte darum der berühmte Ablass verkündet werden, der sich radikal von den anderen Ablässen unterschied: nichts ist da gefordert, nichts zu leisten; allein die Hingabe zählt, das Sich-fallen-Lassen in die Liebe Gottes hinein.

Ursprünglich ein kleines Kapellchen mitten im Wald, von den Benediktinern vom Monte Subasio als Unterkunft erbeten – gegen einen Mietpreis von ein paar Fischen pro Jahr, „Maria von den Engeln" geweiht. In der Nähe bauten sich die Brüder zuerst Flechtwerkzellen. Alles sollte zum Ausdruck bringen: Wir sind nur vorübergehend hier. Als die Bürger von Assisi ihnen ein steinernes Haus bauen wollten, wurde Franziskus zornig und wollte es abreißen. Er ließ erst davon ab, als die Stadt ihr Eigentumsrecht geltend machte. Trotzdem stehen heute massiv gebaute Gebäude und eine immense Kirche.

Das Kapellchen bleibt die Mitte einer Fülle von spirituellen Erfahrungen. Hier wurde Franziskus von seiner Vergangenheit eingeholt, als es ihm noch bitter und ekelhaft war, Aussätzige auch nur anzusehen. Eines Tages bringt ein Bruder einen Aussätzigen nach Portiuncula, Franziskus weist ihn zurecht. Und gleich erkennt er den Rückfall ins frühere Leben und isst dann vor allen Brüdern aus dem gleichen Teller wie der Aussätzige, dessen Hände voll Eiter waren. Hier schenkte er einer Mutter und ihren Söhnen ein handgeschriebenes Neues Testament; nicht nur ein großes Vermögen, sondern das Buch, das die Brüder für Meditation und Liturgie brauchten. „Denn es ist besser zu tun, was darin steht, als bloß darin zu lesen", sagte er. Bruder Ägidius machte es ihm nach und verschenkte den ganzen Schmuck des Marienaltars, „denn es ist besser zu tun, was ihr Sohn tat, als dessen Mutter zu verehren". Hier fanden immer wieder die großen Versammlungen der Brüder statt. Jährlich zu Pfingsten wollten sie ihre brüderliche Verbundenheit zu einem großen Fest machen und drängende Fragen und Probleme besprechen. Der Heilige Geist sollte der eigentliche Generalminister sein. Und immer wieder wurden von hier Brüder in die ganze Welt ausgesandt. Einmal waren es über 5000, die da zusammenkamen. Ein großes logistisches Problem, bei dem die Bürger Assisis kräftig mitwirkten. Einmal trugen sie so viel Lebensmittel zusammen, dass die Brüder ihre Versammlung um Tage verlängern mussten, um alles aufzuessen. Tatsächlich war Portiuncula der organisatorische und spirituelle Mittelpunkt der Bruderschaft.

Schließlich starb Franziskus hier, nackt auf der nackten Erde. Die Lerchen, seine Lieblingsvögel, sangen ihn in den Himmel hinein. Und die Brüder sollten ihn zuerst einmal so lange liegen lassen, nackt auf dem nackten Boden, wie man braucht, um drei Meilen barfuß und ganz sachte zu gehen.

Anton Rotzetter

13. TAG ASSISI – SPELLO

Der *Eremo delle Carceri* ist mir eben nahegegangen: Darin ist eine Kapelle, kleiner als so manche Seilbahngondel. In ihr standen, dicht wie in einem Lift, etwa zehn Menschen. Als ich mich näherte, sahen sie mich an, einladend. Dem folgte ich und stellte mich dazu. Manche hatten die Augen geschlossen. Ich spürte die Stille, meine vom Heraufgehen belebten Fußsohlen, mein schneller pochendes Herz. Ich war erhitzt und lehnte mich gegen die kühle Steinwand. Da spürte ich deutlich einen inneren „Ruck", als hätte die Gondel ihre Bergfahrt begonnen: Etwas zog hoch hinauf in mir, etwas ganz und gar Heiteres, Leichtes. Wenn ich Angst habe, spüre ich das im Hals, dann fühlt sich die Kehle „wund" an – genau umgekehrt fühlte es sich hier jetzt „wohl" an. Ob diese Menschen einer Gruppe angehörten, weiß ich nicht, jede/r wirkte einzeln, „bei sich" und doch empfand ich eine Verbundenheit zu allen, weil mir schien, wir hätten Schönes gemeinsam erlebt. Schwerer werden, leichter sein, sagte Paul Celan.

Diese Einsiedelei war ein Ort der Sammlung für Franziskus. Zu seiner *Zelle* führt eine schmale Treppe, deren steinerne Stufen die unzähligen Besucher genauso bezeugen wie das Holzgeländer um Franziskus' felsige Schlafstatt, das von deren Händen poliert wurde wie eine gepflegte Antiquität. Durch eine winzige Tür windet man sich ins Freie. Helles Sonnenlicht liegt auf den Steinmauern der Klostergebäude, in denen wirklich alle schweigenden Respekt bewahren. Hier ist die *Steineiche*, wo die Vögel auf Franziskus' Segen gewartet

1 Eine der Bronzeskulpturen im Gelände des Klosters Eremo delle Carceri – sie zeigt den Heiligen, in die Betrachtung des Nachthimmels versunken | 2 + 3 Pilger beim Aufstieg zum Eremo delle Carceri

haben sollen, und einige *Skulpturen*. Von ihnen mag ich die ganz besonders, deren Erklärung lautet „Francesco contempla estasiato la notte splendente" (Franziskus betrachtet entzückt die leuchtende Nacht). Im Wald ist eine *Kirche* mit Altar und Sitzplätzen aus Stein. In den Fels dahinter sind viele kleine Kreuze graviert. Die Natur als Andachtsraum – das ist ein Gedanke, den ich gut verstehe. Wäre ich Geistliche, ich gäbe lauter Feldgottesdienste.

Wenn eine Reisegruppe auf ihrer Tour nur eine Wanderung macht, dann hierher. Daher waren viele Menschen, alte, junge, verschiedenster Nationen, auf dem Weg herauf anzutreffen gewesen. Manche plagten sich, denn es geht eineinhalb Stunden fast dauernd bergan. Mich führt diese Etappe von hier noch weiter hinauf.

Oben am *Monte Subasio*, am *Sasso Piano*, raste ich – wie schon einmal vor Jahren. Damals befand ich mich in einem der tiefsten Täler meines Lebens. Heute weiß ich, dass alles Sinn hatte. Niemand bleibt ohne Schmerz, niemand aber auch ohne helfende Hand. Diesmal erfüllt mich am Sasso Piano tiefe Dankbarkeit für mein Leben. Und die Aussicht ist großartig! Die Luft ist frisch und klar, die Almwiese ein grüner Tausendblum-Teppich und der Himmel eine blaue Kuppel.

Nach langer Querung steigt man ab, erst auf einem Waldpfad, dann auf einem Fahrweg. Unterwegs störe ich eine Wildkatze auf, ein Reh, neongrüne Eidechsen und den einzigen Wanderer. Wir waren beide so vertieft, dass wir voreinander erschraken. Schließlich erreiche ich unten die Olivenhaine. Dazwischen leuchten Weizenhalme und Mohnblumen in der Abendsonne. Am Ende der „Oliven-Gasse" liegt *Spello*.

1 Ausblick vom Monte Subasio hinunter nach Assisi | 2 Einsiedelei Eremo delle Carceri – ein Ort der Sammlung für Franziskus und seine ersten Gefährten. Das heutige Kloster wurde später, im Wesentlichen von Bernhardin von Siena (1426), errichtet.

SPELLO

Für mich ist Spello eines der reizvollsten Städtchen Umbriens, vor allem wegen seiner entspannten Atmosphäre: In den Parks spielen Kinder und plaudern ihre Mütter, auf den Plätzen verfolgen Senioren das Leben ringsum, in den Cafés unterhalten sich Leute beim Aperitif, in einer Seitengasse sitzen Hausfrauen Gemüse putzend beisammen und an der *Piazza Matteotti* haben sich Männer zum Kartenspielen versammelt. Pilger gehen vorbei.

Die Stadt soll von den Umbrern besiedelt worden sein. Noch heute bestaunt man Zeugnisse ihrer römischen Vergangenheit: die in ganz Italien am besten erhaltene historische Stadtmauer und drei prächtige Tore aus augustinischer Zeit – die *Porta Venere*, benannt nach einem Venus-Tempel, die *Porta Consolare* und die *Porta Urbica*.

Den primär mittelalterlich geprägten Ort durchzieht ein langer, vom Süden allmählich ansteigender Straßenzug – die *Via S. Angelo* und die *Via Cavour*. Mit vielen Abzweigen in die seitlichen malerischen *Treppengassen* schlendere ich diesen anderntags bergan, vorbei an feinen Läden mit regionalen Delikatessen, vor allem Olivenöl, oder edlen Dingen aus Olivenholz oder Leinen. Besonders schön muss Spello zu Fronleichnam sein, wenn nach einer Nacht fieberhafter Vorbereitungen duftende Bilder aus Blumen und Kräutern auf den Straßen des Centro storico liegen.

In der Kirche *Santa Maggiore* sind neben *Peruginos Fresken* vor allem die *Pinturicchios* in der *Cappella Baglioni* eine große

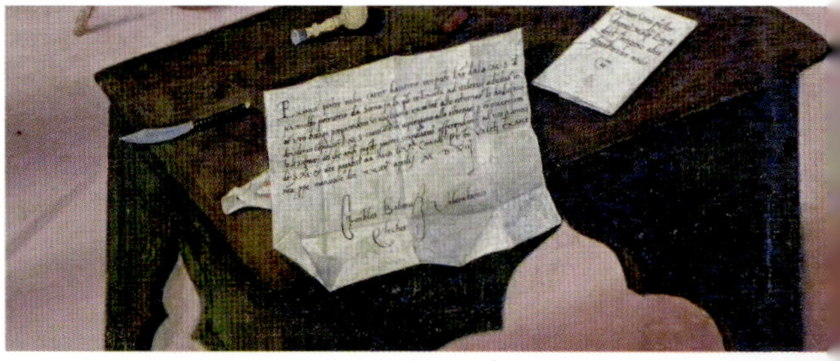

1 Altargemälde „Madonna mit Kind und Heiligen", von Pinturicchio 1508 gemalt. Das untere Bild im Gewand des hl. Lorenz zeigt dessen Martyrium, das obere die Auferstehung Christi.

Sehenswürdigkeit. Sie gehören zu dessen bedeutendsten Werken. Fotografieren wird mir in dieser Kirche aber untersagt.

Die Minoritenkirche *Sant'Andrea* aus dem 13. Jahrhundert war die erste Niederlassung der Franziskaner in Spello. Über dem Hochaltar hängt ein der Schule Giottos zugeschriebenes *Kreuz*. Es zeigt Franziskus kniend zu Füßen des gekreuzigten Christus. Das *Gemälde* im rechten Querarm schuf Pinturicchio 1508. Die zwei Bilder im Gewand des hl. Lorenz zeigen sein Martyrium und die Auferstehung Christi. Auf den Schemel hat der Künstler Briefe gemalt, worin ihn der Bischof von Orvieto bittet, einen Auftrag anzunehmen – eine Reklame aus der Renaissance. In der Kirche begegne ich zwei Pilgern wieder. Die beiden haben riesige Rucksäcke. Ich glaube der Frau, dass die 800 Höhenmeter Auf- und Abstieg der letzten Etappe damit doppelt anstrengend waren.

Vom *Belvedere* schaut man ins Land, und hinunter auf das Fußballstadion vor der Stadt. Direkt daneben ist das Oval einer zweitausend Jahre älteren „Kampfstätte", die Reste des *Anfiteatro Romano*.

An der seit langem von Kapuzinern bewohnten *Rocca* vorbei kommt man durch die *Via Cappuccini* zum Klarissenkloster und zur Kirche *Santa Maria di Valleglo-ria*. Das Kloster *Piccolo San Damiano* am Ortsrand finde ich verlassen. Bei Nächtigungswunsch scheint ein Anruf ratsam.

Abends esse ich in einem Lokal mit Steingewölben, Holztischen, Stoffservietten und Kerzen. Es gibt gefüllte Zucchiniblüten und, weil die Vorspeisen so gut sind, Tagliatelle mit Trüffeln, sowie Zuppa Inglese zum Dessert, dazu Trebbiano-Wein und Grappa ...

1 Eines der drei Tore Spellos, die aus der Römerzeit erhalten blieben – die Porta Consolare mit den drei nachträglich angebrachten antiken Statuen | 2 Farbenpracht und Duft vieler Topfpflanzen sind nur eine Facette von Spellos (8700 Einw., 280 m) ansprechendem Flair.

14. TAG SPELLO – TREVI

Ab Spello folge ich einem Landsträßlein. Seine Monotonie lässt mich in mich sinken, wie ein Stein, der ins Wasser fällt. Morgens wechseln Sonne und Schatten. Es ist es kühl und windig und ich trage meinen Anorak. Pfeile sind bis *Foligno* selten, aber der Wanderführer weist den Weg.

Die Peripherie der Industriestadt Folignos zu durchwandern finde ich gar nicht so unangenehm und es freut mich, dass sich an den unregulierten Ufern des *Fiume Topine* die Enten und Gänse tummeln. Auch das Stadtzentrum gefällt mir, weil es belebt ist und voller italienischer Lebensart.

Vor Folignos *Kathedrale* hatte Franziskus Stoffe, sein Pferd und alles, was er bei sich hatte, verkauft. Eine *Steininschrift* erinnert daran, dass er sich hier von allem Besitz getrennt hat – ein wegweisender Schritt in seinem Leben. Auch für die Frauen der Franziskusbewegung ist Foligno wichtig: Hier wurde eines der ersten *Klarissenklöster* gegründet. Klara hatte 1217 den Grund dafür erworben. Das Gebäude gibt es aber nicht mehr. Besuchenswert ist das Beginenkloster *Delle Contesse*. Es wurde von der adeligen Angelina von Montegiove (ca. 1357–1435) gegründet. Sie und ihre Schwestern legten größten Wert auf ein selbstbestimmtes Leben. Der jahrhundertelange Kampf ihrer Nachfolgerinnen gegen das aufgezwungene klausurierte Leben hatte etwa um 1900 Erfolg. Und auch die bedeutende franziskanische Mystikerin, Angela von Foligno († 1309), lebte hier. Ihre Autobiografie heißt „Zwischen den Abgründen".

1 + 2 Peripherie der Industriestadt Foligno (58.000 Einw., 234 m) | 3 + 4 Industrie und Schotterwerk nach S. Eraclio | 5 Blick in den Ort S. Eraclio | 6 Hauptplatz von Foligno

Die Industriestadt Foligno mit 58.000 Einwohnern liegt im Zentrum der Valle Umbra. Schon in der Antike war die von den Römern Fulgiunium genannte Stadt Verkehrsknotenpunkt. Vor deren Zeit war sie auf einer erhöhten Insel, mitten im umgebenden Sumpfland, erbaut worden. Noch im Mittelalter mühten sich ihre Bewohner, das Sumpfland trockenzulegen. Viele *Barock- und Renaissancebauten* bezeugen ihren Wohlstand zur Zeit der päpstlichen Herrschaft. 1472 wurde in Foligno das erste Buch Italiens gedruckt, vom deutschen Wanderdrucker Johannes Numeister, der Dantes „Divina Commedia" in einer Auflage von 350 Exemplaren auf den Markt brachte. Im Zweiten Weltkrieg wurde die Stadt wegen ihrer Flugzeugindustrie stark bombardiert, wodurch sie viel von ihrer Bausubstanz verlor, und war 1997 neben Nocera Umbra das zweite große Opfer des Erdbebens. Dabei war der Turm der Kathedrale auf die *Piazza della Repubblica* hinuntergedonnert und das Stadtzentrum infolgedessen jahrelang eine einzige Riesen-Baustelle (vgl. Schmid, Umbrien, S. 147). Noch heute ist die Reparaturwerkstatt der italienischen Eisenbahn der wichtigste Arbeitgeber Folignos.

Hinaus geht es an der *Viale Roma*, vorbei an Lidl, A & O, Toyota etc. – immer den blau-gelben Schildern nach, bis man das *Stadttor* des netten Ortes *S. Eracleo* durchschritten hat. Hier führt Seracchiolis Route geradeaus weiter. Wenig später hadere ich mit Kiesgruben und Schotterwerken, deren Notwendigkeit unbefragt ist, und doch stört mich jetzt das Zischen, Poltern, Rauschen der Maschinen zwischen Blumenwiesen. Schön ist dann wieder der Anstieg zwischen Olivenhainen, hinauf zum Städtchen *Trevi*, das von einem Hügel auf die Valle Umbra blickt.

1 Dom San Feliciano (mit Bauelementen von der Romanik bis zum Klassizismus); Ost- und Südfassade sind am ursprünglichsten erhalten, innen im Barockzeitalter und Anfang des 20. Jh. entscheidend umgestaltet. | 2 Mohnblumen, so weit das Auge reicht

TREVI

Trevi mag ich ganz besonders. Vor allem gefällt mir seine aussichtsreiche Lage über den Hängen mit Olivenhainen, die den alten Ort ringsum umgeben. Sie sind der Grund für die jahrhundertelange Vermarktung erstklassigen Olivenöls, die seiner Oberschicht im 16. und 17. Jahrhundert Wohlstand bescherte – die vielen *Renaissance- und Barockpalazzi* im Ort bezeugen es. Ihre Fassaden in hellem Blau, Rosa, Gelb, die eleganten Portal- und Fensterumrahmungen und hölzernen Fensterläden verleihen Trevi ein südliches Flair. Derzeit wird viel davon renoviert. Bezaubernd ist auch die gemütliche Atmosphäre in den *engen, gepflasterten Gassen* des *ummauerten Ortskerns* und auf seinen Plätzen, wie der *Piazza Mazzini*, die die Einwohner als erweitertes Wohnzimmer nutzen.

Die Überlieferung sagt, Franziskus habe im Jahre 1213 auf dem Marktplatz in Trevi eine Predigt gehalten. Ein ständig herumrennender Esel störte dabei sehr. Daraufhin bat Franziskus das Tier, ruhig zu sein, damit die Menschen die Worte Gottes vernehmen können. Sofort kniete der Esel nieder und hörte zu. Im Gedenken daran stifteten die Einwohner den *Convento San Francesco* (vgl. Freeman, S. 219). Heute beherbergt es einen sehenswerten *Museumskomplex*. Darin zeigt die *Pinakothek* regionale Kirchenkunst, mit der *Marienkrönung* des Renaissancemalers Lo Spagna (1522) als Hauptwerk. Im *Heimatmuseum* erinnern Exponate an den römischen Ursprung Trevis, damals Trebiae genannt. Das *Museum der Olivenölkultur* zeigt Ursprung und Verbreitung der Olive, Anbauformen,

1 Franziskanerkloster San Martino mit Kirche (14. Jh.); dzt. wegen Renovierung geschlossen | 2 Trevi Flash Art Museum – Arbeit eines Künstlers mit örtlichen Schülern | 3 Zimmer im Convento Santa Lucia | 4 Von Menschenhand betriebene Ölpresse aus Holz im Öl-Museum Trevis | 5 Katharina & Harald Wittmer aus München

Gerätschaften, Miniaturmodelle von Bauernhöfen und terrassierten Hängen, eine einst von Menschen betriebene Ölpresse und historische Schwarz-Weiß Fotografien. Im Ort wird Olivenöl in vielen Läden oder direkt vom Bauern verkauft.

Den höchsten Punkt Trevis markiert die Kirche *Sant'Emiliano* (12. Jahrhundert). Sie ist wegen Restaurierung geschlossen. Gegenüber wurde im *Palazzo Lucarini* in Privatinitiative das imponierende *Trevi Flash Art Museum* für zeitgenössische Kunst geschaffen. Besonders gefällt mir, dass die Künstler mit örtlichen Schülern arbeiten und deren Kreativität wie die von Künstlern in professionellen Dokumentationen und Ausstellungen honorieren.

Dann fällt mein Blick auf einen Rucksack. Darauf liegt „mein" Wanderführer und ich spreche die Pilger an – ein besonders nettes Ehepaar, Wittmers aus München. Von allen Franziskuswegen haben sie sich daheim für diesen entschieden, und gegen den Weg nach Rom, weil es nach den schönen Klöstern des Rieti-Tales gar nicht passt, nochmal in Straßen, Lärm und die Peripherie der Metropole einzutauchen.

Abends entlang der westlichen Aussichtsterrasse zu meinem Zimmer im *Convento Santa Lucia* schlendernd, ergreift mich die Aussicht: Felder, Haine, Wäldchen, Orte, Zypressen, Zedern, Wein, Oliven, ein funkelnder Bach, eine Kapelle, zwei Kirchen, ein Kloster, ein Weg, ein Park, ein Schloss, eine Burg – und darüber dieser Himmel! Italien – all diese kleinen Orte mit ihren Kirchen voll Giottos, Fra Angelicos, Pinturicchios. Italien – so viel Fülle, Harmonie, Licht! Ein Land voller Heiliger, Wunder, Künstler – jetzt erstaunt es weniger. Hier ist aus dem Vollen zu schöpfen!

1 Blick vom Kloster San Martino Richtung Trevi (8400 Einw., 412 m) | 2 Steintafel im Museumskomplex von San Francesco: Von den Römern vor zweitausend Jahren in Stein gemeißelte Großbuchstaben, sogenannte „Majuskeln", erinnern an den Ursprung unserer Schrift.

15. TAG
TREVI – SPOLETO

Der erste Blick morgens aus dem Fenster zeigt das tiefblaue Viereck des wolkenlosen Himmels. Kurz darauf werfe ich die Zimmertür mit dem Schlüssel und die Haustür ins Schloss – so wie es mich meine Gastgeberinnen im *Convento Santa Lucia*, zwei nette, alte Benediktinerinnen, geheißen hatten, als sie mir gestern die Schlüssel gegen € 20,-, ohne Ausweisleistung überlassen hatten. Dann genieße ich das Frühstück im Café, inmitten von zwölf heftig plaudernden Personen stehend. Das Cornetto hätte nicht flaumiger, der Kaffee nicht aromatischer sein können.

Heute bekomme ich fast nur Asphalt unter die Sohlen, aber die erste Weghälfte ist verkehrsarm und führt hangseitig durch schöne Olivenhaine. Außerdem gibt es unterwegs viel Sehenswertes.

Gleich am Ortsrand Trevis steht die Frührenaissancekirche *Santa Maria delle Lacrime*. Darin ist *Peruginos* Spätwerk *Anbetung der Könige* zu bewundern. Wenig später hat der Ort *Bovara* die nächste Erstaunlichkeit zu bieten – den mindestens 1700-jährigen, und damit *ältesten Olivenbaum Italiens*. Als er erste Wurzeln schlug, kam es unter Diocletian noch immer zu blutigen Christenverfolgungen. Sein Nachfolger Konstantin teilte das Land in West- und Ostrom und machte Konstantinopel zur Reichshauptstadt. 376 setzten die Goten über die Donau. Plündernd zogen sie durch das Land und eroberten 410 Rom. Der Niedergang Westroms war nun unaufhaltbar, sein letzter Kaiser musste 476 zugunsten des

1–3 Olivenkulturen prägen das Landschaftsbild in der Valle Umbra; schon mindestens seit dem 15. Jh. basiert der Wohlstand Trevis auf dem Handel mit Olivenöl. | 4 Schafe suchen Schatten unter einer Autobahnbrücke. | 5 Mindestens 1700 Jahre alter Olivenbaum bei Bovara

Germanenführers Odoaker abdanken. Während der Völkerwanderungszeit wurde Umbrien immer wieder Opfer barbarischer Aggressionen der Germanen auf ihrem Weg nach Rom. Besonders im 5. Jahrhundert hatten diese Hungersnöte und Epidemien zur Folge, weswegen ganze Landstriche entvölkert wurden und mühsam trockengelegtes Ackerland erneut versumpfte ... Dieser imponierende Olivenbaum mit neun Metern Umfang und fünf Metern Höhe trägt heute noch Früchte. Kurz darauf fotografiere ich die Widderköpfe über dem Portal der Kirche *San Pietro in Bovara* aus dem 12. Jahrhundert. Ihr Inneres ist wohltuend hoch und schnörkellos. Die Schläge der Glocke hallen darin tief nach.

Nach netter Hangwanderung, vorbei an der *Burg Pissignano,* jausne ich an einem hinreißenden Picknickplatz – den *Fonte di Clitunno*. Hier bilden die Quellen des gleichnamigen Flusses einen See, der schon in der Antike ein heiliger, dem Flussgott Clitumnus geweihter Bezirk war. Vergil erzählt, dass die hiesigen milchweißen Ochsen in seinem Wasser rituell gewaschen wurden, ehe sie zu den Triumphzügen nach Rom kamen. Angefangen von Plinius über Lord Byron bis zum italienischen Lyriker Carducci – die Fonti haben Dichter schon immer inspiriert.

Schließlich reiße ich mich los, denn nun wird für länger „La Strada“, das „Lied der Straße“, gespielt, erst an der belebten SS 3, anschließend am Radweg. Einzige Unterbrechung am Weg nach Spoleto ist die stimmungsvolle Kirche *San Sabino* mit ihrer *frühchristlichen Krypta.* Allerdings sind für mich oft gerade solch monotone Abschnitte besonders wertvoll, weil sie Innenschau und Meditation Raum geben.

1 Peruginos Spätwerk „Anbetung der Könige“ (1512) in der Kirche Madonna delle Lacrime, am Ortsrand von Trevi | 2 Vor der Straßenstrecke nach Spoleto empfiehlt sich eine Rast bei den Fonti del Clitunno, Quellen des Clitumnus – klare Quellen, die eine stille Wasserfläche bilden – besungen von Dichtern wie Plinius oder Lord Byron.

SPOLETO

Zuhöchst der den Hügelrücken hochsteigenden Stadt thront die *Rocca*, die Burg, die im 14. Jahrhundert auch aus den Steinen des römischen Amphitheaters erbaut wurde. Hier residierten die päpstlichen Gouverneure, darunter 1499 Lucrezia Borgia, die berühmt-berüchtigte Tochter Papst Alexanders VI. Mehrmals im Lauf der Geschichte diente die Rocca als Gefängnis – zuletzt in den 1980er-Jahren als Hochsicherheitstrakt für Mitglieder der linksradikalen Brigate Rosse (vgl. Schmid, S. 160).

Unter der Burg liegen in einem dichten Gassengewirr die düsteren, dunkelgrauen Häuser und die vielen eleganten Palazzi Spoletos mit ihren oft kaum mehr sichtbaren Sgraffiti und verblassenden Fresken. Diese Stadt scheint mir ein melancholisches, seelenvolles Flair zu haben und erinnert mich hierin an Venedig: Der Verputz blättert ab und zum Vorschein kommen bislang Verborgenes und die Schönheit des Alters – die Schichten darunter, die Zeiten davor.

Viele Städter sind auch ausgezogen, in besser beheizbare, hellere Neubauwohnungen an der Peripherie. Trotzdem sind die Plätze und Cafés, der Markt im Zentrum lebhaft und echte italienische Lebensart lässt sich gerade im weniger touristischen Spoleto genießen. Wenn aber im Sommer beim „Festival dei due Mondi" in Theatern, auf Straßen und Plätzen hochkarätige Aufführungen von Konzerten, Ballett, Film, Dramen, Opern stattfinden, ist Spoleto ausgebucht.

1 „Die Krönung Mariens", Fresko in der Apsis von Spoletos Dom, von Filippo Lippi 1469 gemalt, bei seinem Tod (8. oder 10.10.1469) unvollendet und von dessen Mitarbeitern vervollständigt | 2 Steinfries am Vorplatz des Domes

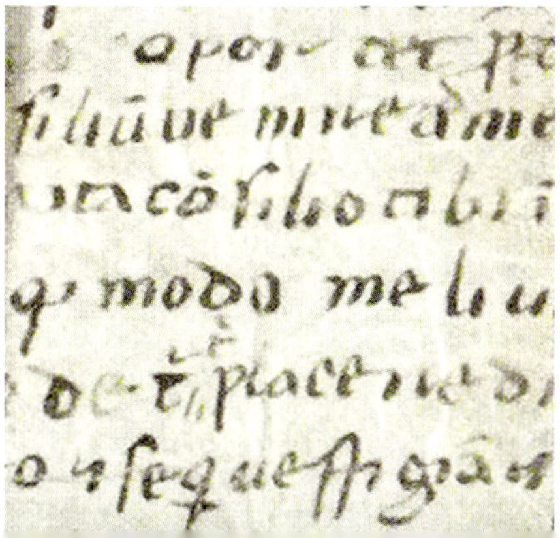

Auch in dieser Stadt bezeugen viele Ausgrabungen ihre römische Vergangenheit. Aber mich zieht es vor allem zu einem – dem Dom, dem man mit einem weiten Platz samt großzügiger Treppenanlage einen grandiosen Vor-Raum geschaffen hat.

Der Dom *Santa Maria Assunta* wurde ab 1175 gebaut, nachdem Friedrich Barbarossas Heer die frühere Kirche zerstört hatte. Die *Fassade* ist romanisch, mit acht *Fensterrosen* darin. Der *Campanile* diente im Lauf der Geschichte auch als Verteidigungsturm. Das Kircheninnere wurde auf Wunsch Papst Urbans VIII., der Kardinal in Spoleto gewesen war, 1638 im Stil des Barock erneuert. Erhalten blieben die schönen *Stein-Einlegearbeiten* am Fußboden. Besonders sehenswert sind Pinturicchios *Fresken* in der *Kapelle* und die Filippo Lippis in der *Apsis*: dessen wunderbare Szenen aus dem Marienleben (1467–1469). Sie waren das letzte Werk Fra Filippo Lippis. Der Maler ist im Dom bestattet. Noch eine Kostbarkeit wird hier seit 1994 aufbewahrt: einer der nur zwei, von Franziskus selbst geschriebenen Texte, die noch erhalten sind, sein *Segen für Bruder Leo*. Darin bestärkt er diesen liebevoll, Gott auf seine Weise zu folgen, und bietet ihm jederzeit Trost an „wie eine Mutter". Leo hat das Schriftstück zeitlebens bei sich getragen. Im Dom wird eben eine bombastische Hochzeit gefeiert. Die Gäste gratulieren dem Brautpaar danach mit auffallend lebhafter Emotionalität.

Abends findet sich in der dunklen Seitengasse *Vicolo S. Giovanni*, fernab vom Zentrum, eine von einer Familie geführte Taverne, wo ich Gnocchi mit Basilikum und Tomaten, gefüllt mit Mozzarella esse. Sie sind so gut, dass ich um eine halbe Portion mehr frage. Sie wird mir geschenkt.

1 Dom Santa Maria Assunta (ab 1175 erbaut, im Barock erneuert) | 2 Eines der zwei originalen Schriftstücke von Franziskus, die erhalten sind: 19 Zeilen, in fehlerhaftem Latein mit Tinte auf Pergament, 6 cm breit x 13 cm hoch, vierfach gefaltet – sein Brief an Bruder Leo | Seite 103: Die mächtige Burg (14. Jh.) über der Altstadt

KARRIERE?

Was gilt eigentlich im Leben? Was sind unsere Ziele? Was hat Bestand? Diese Fragen bewegten auch Franziskus. Seine erste Antwort war: männliche Tatkraft, Waffentragen, Rittertum, Heldentaten, Durchsetzungsvermögen, Macht, Ansehen, Ruhm, Karriere. Mit solchen Zielen macht er sich 1205 auf den Weg. Mit Ross und Rüstung, gepanzert und ohne Kontakt zur Erde, abgeschirmt und abgehoben von der Wirklichkeit des Lebens. Er will dem berühmten Haudegen Walter von Brienne nacheifern, der im Dienste des Papstes die Schlachten schlägt. Irgendwo in Süditalien wird er sich ihm anschließen können.

Franziskus kommt nicht sehr weit. Genau genommen nur bis Spoleto, etwa 30 Kilometer von Assisi entfernt. Da steht die herrliche Burg, der Sitz des gleichnamigen Herzogtums, zu dem auch Assisi gehört. Die heutige Rocca ist zwar ein Bauwerk aus späterer Zeit: Kardinal Albornoz ließ sie für den Papst bauen, der damals in Avignon im Exil lebte (1349–1370). Aber an Herrlichkeit muss die Vorgängerburg der heutigen nicht viel nachgestanden haben. Über 100 Türme sollen die Stadt unter Kaiser Barbarossa, der hier seinen Stellvertreter residieren ließ, befestigt haben. Jetzt, da Franziskus mit seinen Ritterträumen zur Übernachtung und wohl zur Rekrutierung in Spoleto weilt, ist die Stadt päpstlich. Die Herrlichkeit der Stadt gaukelt ihm vor, was er selbst erhofft und erstrebt. Auch in der Nacht träumt er davon. Giottos Bild in der Oberkirche San Francesco zu Assisi erzählt es: ein herrlicher Palast mit vielen Stockwerken, Portale, weite Fenster, Terrassen, Bögen, Verzierungen, Schnörkel, Überflüssiges, Luxus ... Herrlichkeit, Macht und Ehre – und Rüstungen, Schilde, Waffen ... Und alles mit dem Zeichen des Kreuzes bezeichnet. Kaiser Konstantin lebt wieder auf: „In diesem Zeichen wirst du siegen!" – eine Kirche, die mit Macht und Prunk beeindruckt, ein Glaube, der Kampf und Sieg sucht, ein Christentum, das über Leichen geht, um sich selbst zu behaupten. – Und so soll Franziskus, so sollen Christen Ansehen und Ruhm ernten?

Doch, was sagt Jesus Christus dazu? Auch dies stellt Giotto dar: Mit der rechten Hand berührt er den schlafenden Franziskus. Sanft, aber gewiss sehr entschieden, weckt er ihn auf aus seinen Träumen und zeigt ihm eine andere Welt: Mit der linken weist er auf die erhoffte irdische Herrlichkeit, um zu sagen, dass das alles nichts sei. Warum irdischer Macht eine solche Bedeutung geben? Warum Geld und Geltung über alles stellen? Warum sich hin und her schieben lassen von anderen, die auch nur Hin-und-her-Geschobene sind? Warum sich nicht von allem befreien, was bindet und knechtet? Warum nicht ihm, Jesus Christus, folgen, der nichts hatte, worauf er sein Haupt legen konnte?

Anderntags verschenkt Franziskus Ross und Rüstung. Er lässt seine Träume nach Geld und Geltung fahren. Er weiß zwar noch nicht, was das konkret bedeutet. Er muss noch eine ganze Weile warten, noch wiederholt kauen und durchbeten, was er in Tat und Wahrheit zu tun hat, durch eine Schule der Verachtung gehen. Doch Christus, der alles relativiert, wird ihm den Weg weisen.

Anton Rotzetter

Am nächsten Morgen sitze ich vor der wunderbaren Brücke *Ponte delle Torri*: Sie ist 230 Meter lang und 80 Meter hoch. Mit zehn Bögen über den *Fiume Tessino* verbindet sie den *Colle Sant'Elia* und den *Monteluco*. Es wundert nicht, dass sie viele Maler im 18. und 19. Jahrhundert inspiriert hat. Auch Goethe hatte diese Brücke auf seiner italienischen Reise am 27. Oktober 1816 gesehen (und für römischen Ursprungs gehalten). Er war von ihr begeistert gewesen, da er in ihr die Identität von Form und Funktion, ohne jeden unnützen Dekor sah: „Das ist nun das dritte Werk der Alten, das ich sehe, und immer derselbe große Sinn: Eine zweite Natur, die zu bürgerlichen Zwecken handelt, das ist ihre Baukunst, so steht das Amphitheater, der Tempel und der Aquädukt. Nun fühle ich erst, wie mir mit Recht alle Willkürlichkeiten verhasst waren … Das steht nun alles totgeboren da, denn was nicht eine wahre innere Existenz hat, hat kein Leben und kann nicht groß sein und nicht groß werden."

Für mich ist dieses Bauwerk auch persönlich wichtig: Es überbrückt nicht nur den Abgrund zwischen zwei Bergen, mir hat es vor Jahren einmal den Brückenschlag gezeigt vom Dunkel ins Licht, von der Depression in die Freude. Heute könnte ich gar nicht froher sein – die Luft ist kristallklar und erfüllt von Vogelgesang und alles ist wie „am ersten Tag".

Der Brückenkopf am anderen Ende ist als kleine Festung ausgebaut, die *Fortezza dei mulini* – die lange als Mühle fungierte.

1 Früher dachte man, der Brückenbau sei zeitgleich mit dem der Burg erfolgt, aber einige Dokumente berichten bereits im 13. Jahrhundert über die Brücke. Auch einen römischen Vorgänger dürfte das Aquädukt gehabt haben. Die mittleren Pfeiler kann man betreten.

Über die Brücke gelangt man von der Altstadt direkt in den jahrhundertealten *Steineichenwald* am Monteluco, Spoletos Hausberg, mit 804 Metern Höhe. Dieser Wald wurde schon von den Römern als heilig empfunden. Sie schützten ihn durch die 241 v. Chr. erlassene Lex Spoletina, die jede Störung, vor allem Baumschnitt, verbot – widrigenfalls mussten Gott Jupiter zwei Ochsen geopfert werden. Auch den Christen war der Berg heilig. Schon seit dem 6. Jahrhundert siedelten (zunächst syrische!) Eremiten in den einsamen Bergwäldern. Seit dem Mittelalter ist auf dem Berg ein *Franziskanerkloster*. Benediktiner sollen es Franziskus 1218 übergeben haben. Nachdem es 1373 den Observanten unterstellt wurde, baute es Bernhardin von Siena um 1430 aus. Die heutigen Gebäude stammen zumeist aus dieser Zeit (vgl. Freeman, S. 213). Das will ich sehen und steige den Berg hinan. Es ist ein zeitiger Samstagmorgen und so ist der Aufstieg einsam. Im Kloster San Francesco führen die sieben winzigen, kargen *Mönchszellen*, die bis etwa 1900 von den Brüdern noch bewohnt wurden, sehr klar das franziskanische Ideal einer einfachen Lebensführung vor Augen. In der Umgebung des Klosters sind einige *Eremitenhöhlen*, darunter die des Antonius von Padua. Michelangelo hatte nach ihrem Besuch 1556 an Vasari geschrieben: „Ich habe an diesen Tagen eine große Freude gehabt in den Bergen von Spoleto durch den Besuch der Einsiedeleien. So bin ich nur mit halber Seele nach Rom zurückgekehrt; denn nur in den Wäldern findet man Ruhe.“ Diese kann am Wochenende recht gestört sein durch das Picknickareal neben dem Kloster. Die Eremitenhöhlen finde ich nicht und steige ab. Franziskus hatte 1218 am Monteluco gesagt: „Nie habe ich Schöneres gesehen als mein Tal von Spoleto!“

Bei meinen weiteren Spaziergängen besuche ich auch entlegenere Stätten. Sie führen mich zu einem bildhauerischen Werk der Moderne, einer monumentalen, schwarzen *Eisenplastik* des amerikanischen Künstlers *Alexander Calder* am Vorplatz des Bahnhofs. Anschließend wandere ich zum *Kloster San Ponziano* mit eindrucksvollem Blick auf die mächtige Rocca. Auch in diesem Kloster kann man nächtigen, allerdings zu Hotelpreisen.

Die Burg auf der aussichtsreichen *Via della Rocca* umrundend und weiter nach Süden fortsetzend, komme ich bei schönstem Abendlicht zur vierten, neben Dom, Burg und Aquädukt in meinen Augen wirklich großartigen Sehenswürdigkeit Spoletos, der Kirche *San Pietro fuori le mura*. Diese geht auf Bischof Achileus zurück, der im 5. Jahrhundert eine wichtige Reliquie, einen Teil der Kette, mit der man den Heiligen Petrus gefesselt hatte, nach Spoleto gebracht hatte. Das Terrain am Fuß des Monteluco, worauf sie erbaut wurde, war schon in der Antike eine Nekropole und wurde zu jener Zeit als Begräbnisstätte der Bischöfe von Spoleto genutzt. Daher hielt man San Pietro lange für die einstige Kathedrale Spoletos. Das heutige, romanische Bauwerk wurde im 12. Jahrhundert errichtet und nach einem Brand zweihundert Jahre später wiederhergestellt. Das Kircheninnere wurde bis 1699 vollkommen im Stil des Barock umgestaltet, die Fassade mit ihren prächtigen *Reliefs* aber blieb als ein Hauptwerk der umbrischen Romanik erhalten: Ein Teil der Fassade ist in zehn rechteckige Felder

1–3 Steinreliefs an der Fassade von San Pietro (12. Jh.): (oben) Tod des nicht reuigen Sünders, (Mitte) der Löwe greift den Soldaten an, (unten) die Berufung des Petrus und Andreas | 4–6 Straßenszenen in Spoleto (39.500 Einw., 396 m): (links) Antiquitätenhandel, (Mitte) ein Löwe aus Stein hockt auf der Straße, (rechts) Hochzeit im Dom

unterteilt, die mit wunderbaren figürlichen Steinreliefs geschmückt sind – religiöse Comicstrips der Romanik, die heilige Texte, mittelalterliche Fabeln und christliche Themen illustrieren. Eines der Bilder etwa stellt den Tod des nicht reuigen Sünders dar. Diesem werden von zwei Dämonen schlimmste Folterqualen beigebracht. Ein anderes Relief zeigt einen Löwen, der einen Soldaten angreift – diejenigen, die, wie der Soldat, zu sehr an weltlichen Dingen hängen, verschont er nicht. Rechts des Portals ist auf der zweiten Tafel oben die Berufung des Petrus und Andreas zu sehen. Die meisten Bildfelder dürften um 1200 entstanden sein, die Reliefs in nächster Nachbarschaft zum Portal dagegen etwas später im 13. Jahrhundert. Ihre Darstellung ist naturalistischer, die Zierformen elaborierter (vgl. Zimmermann, Umbrien, S. 246–247).

Ein blitzblauer Himmel und ein Licht, das alles, worauf es fällt, lackiert, erwarten mich am nächsten Morgen. Ich verirre mich auf dem Weg aus der Stadt – und bin doch goldrichtig: Im Zentrum findet ein Markt statt. Sorgfältig legen die Händler ihre Antiquitäten aus. Aus den Cafés duften die Espressi und klingen die Stimmen der „fröhlichen Frühstücker“ bis auf die Straße. Dennoch: Die heutige Wander-Etappe ist eine achtstündige und daher gebe ich mich nicht zu sehr dem lustvollen Verlorengehen im Gassengewirr Spoletos hin. Ich frage einen Gendarm um den Weg. Er weist mich zur *Porta San Matteo* und fügt stolz den Hinweis auf ihr Alter hinzu: 700 Jahre! Durch diese altehrwürdige Pforte verlasse ich sodann Spoleto. Ein *überdachter Prozessionsweg* führt anschließend aus der Stadt zur Kirche *Santa Maria di Loreto*, deren *Altarfresken* mich wieder mal denken lassen: „Italien! ...“

1–2 Abendsonne auf (und in) der Kirche San Pietro fuori le mura | 3 und in den Gassen Spoletos

16. TAG
SPOLETO –
EREMO LA ROMITA

An diesem Tag hadere ich mit der Straße. Aber der Groll schmilzt wie Schnee in der Sonne, weil ich am Etappenende Fra Bernardino in der Einsiedelei *Romita di Cesi* kennenlerne. Tags darauf geht mir das Herz über davon:

Fra Bernardino weckt seine Gäste mit Gesang und wenig später ruft die Glocke zum Morgengebet. „Heute läutet sie für mich“, hatte ich gedacht, als ich auf die Kapelle zuging. Dann sagte Fra Bernardino bei der Morgenandacht in der Kirchenbank neben mir sitzend etwas, das ich sehr wohl vorher schon gehört habe – aber diesmal verstand ich es mit dem Herzen: „Glücklich sein, Erfüllung finden – das ist der Sinn des Lebens“ und er sprach weiter über unsere Suche, unsere Sehnsucht – auf die wir hören sollten, weil sie uns den Weg weist zum Glück. Und er sprach von der rechten Hand Gottes, die auf unserer Schulter ruht – die Halt gibt, Kraft und Geborgenheit, „denn das brauchen wir“, sagte Fra Bernardino. „Manchmal sind wir mutlos, verzweifelt, schwach.“

Das sagt ein Mann, der seinen Traum verwirklicht hat, indem er, gegen massive Widerstände, seit 1991 dieses Kloster mit unglaublichem Engagement und Energie wieder aufgebaut hat – und mit viel Hilfe seiner Freunde, wie er betont. Bis zur Schließung der italienischen Klöster 1861 hatten hier 25 Mönche gewirkt. Daraufhin war es über hundert Jahre lang dem Verfall anheimgegeben. Übrig blieb ein Steinhaufen. Heute besteht die Klosteranlage aus siebzig Räumen in schönen Steinbauten

1–3 La Strada ... | 4 Haus mit Rosen an der Piazza von Rapicciano – hier soll sich (die berühmt-berüchtigte) Lucrezia Borgia die Haare gewaschen haben, ehe sie nach Spoleto abstieg, um ihr Amt als Gouverneurin anzutreten | 5–7 Die Einsiedelei (und Umgebung) Eremo La Romita di Cesi – Franziskus hatte dort eine Kapelle restauriert.

mit Terrakottaböden und dicken Holzbalken, mit Kreuzgang, Brunnen, Kirche, Kapelle, Schlafsälen für Pilger, aber auch Einzel- und Doppelzimmern, Bibliothek, mehreren Terrassen und einer grandiosen Zeder im Hof, unter der Fra Bernardino seine Gäste am liebsten bewirtet. Denn er hat viele Gäste. Der 4. Oktober ist der wichtigste Tag im franziskanischen Jahr – zum Gedenken an den Tod des Heiligen. Letztes Mal waren siebenhundert Personen gekommen. Sie waren alle verköstigt worden. Zumal Pilgern steht die Tür der Einsiedelei immer offen. Das Herz der Romita ist die winzige Kapelle, die Franziskus eigenhändig restauriert hatte – ein schlichter Ort mit besonderer Ausstrahlung. Rosemarie zündet darin sonntags immer Kerzen an. Die Schweizerin kommt seit zwölf Jahren, jeweils für mehrere Monate hierher, genauso wie die junge Litauerin Kristina, die vor einigen Jahren den Franziskusweg ging und seither immer wieder zurückkehrt. Sie arbeiten gerne mit und lieben beide den Ort, weil hier franziskanischer Geist gelebt wird der Geist des Einfachen, des Miteinander und des Füreinander, der Freude und der Naturverbundenheit: Bernardino hat Hunde, Katzen, Ziegen, Schafe, Ponys, Gänse und Hühner. Er betreut den Wald und einen vielfältigen Küchen- und Kräutergarten. Auf den Tisch kommt Hausgemachtes. Strom liefern die Solarzellen. Aber es gibt wenig Brauch- und kein Trinkwasser. Im Winter liegt hier Schnee. Dann kommt niemand. Aber Fra Bernardino, der aus dem tiefsten Süden Italiens kommt, sagt: „Meine Tiere brauchen mich. Natürlich bleibe ich." Fra Bernardino war das jüngste Kind einer apulischen Bauernfamilie, ist mit sechzehn ins Kloster eingetreten und hat sein Theologie-Doktorat in Deutschland gemacht – ein Mann mit äußerst inspirierender Lebensart und Persönlichkeit.

1 Fra Bernardino, der die Klosteranlage La Romita di Cesi (1 Einw., 800 m) seit 1991 wieder aufgebaut hat

17. TAG
EREMO LA ROMITA – COLLESCIPOLI

Der Weg hinunter von der Einsiedelei La Romita führt durch eine mystisch-romantische Szenerie, zwischen bemoosten Steinmauern, an Felsen und knorrigen, krummen Eichen und bizarren, vom Blitz getroffenen Bäumen vorbei. In manchen Nischen von Felsen oder Bäumen klemmen handgeschriebene Holztafeln mit philosophisch-spirituellen Texten. Später tritt man aus dem schattigen Wald hinaus in die Sonne. Das Glockengeläut und das Blöken der Schafherden begleiten mich bei der Überquerung der nun folgenden Wiesen. Die Begegnung mit Fra Bernardino hallt in mir nach.

Der alte, kleine Ort *Cesi* klebt pittoresk am Hang des 1120 Meter hohen *Monte Torre Maggiore*. Um die monotonen Kilometer durch das Industriegebiet *Ternis* zu vermeiden, könnte man von hier einen Bus nach Terni und von dort nach *Collescipoli* nehmen. Ich will den ganzen Weg kennenlernen und so gehe ich:

Die Landstraße, die hinunter nach *Gabelletta* führt, finde ich noch o. k., die folgenden Kilometer nerven mich aber wirklich. Auch die sind auf einem Landsträßchen zu gehen. Dieses ist aber nicht nur eng, sondern jetzt auch verkehrsreich – umso unangenehmer ist der hohe, dichte Bewuchs am Straßenrand, der in die Fahrbahn hängt und sowohl die Möglichkeit, von den Autofahrern gesehen zu werden als auch ausreichend auszuweichen, einschränkt. Sobald ich die Autobahn und eine mehrspurige Straße überquert habe, finde ich die Straßenkilometer angenehmer: Zwar

1 + 2 Abstieg von der Romita di Cesi: Schafherden, Meditationstafeln | 3 Vier italienische Pilger: Elisabetta Baldrati, Elisabetta Iacovone, Enrico Vasi, Giordano Posati | 4 Im Industriegebiet Ternis | 5 + 6 Vier oberösterreichische Pilger (v. l. n. r.): Franz Pickl, Monika und Franz Sattmann, Fred Sattmann | 7 Collescipoli (500 Einw., 238 m)

sind ab hier drei Kilometer durch das Industriegebiet der Stahlstadt Terni zu gehen, aber da es Gehsteige gibt, fühle ich mich sicher. Weiters positiv sind die Pilgerbekanntschaften unterwegs: Die vier Italiener, auf dem Weg von Rieti nach Assisi, sind bester Dinge – denen kann das prosaische Umfeld offenbar nichts anhaben. Wir tauschen Informationen und Tipps. Eine von ihnen schürt meine Vorfreude auf die abschließenden Etappen – die wären besonders schön, schwärmt die Frau. Ich fotografiere die kleine Gruppe, gerade hier, im Industriegebiet, schließlich ist die Prosa mancher Streckenabschnitte des Weges genauso wenig wegzuleugnen. Währenddessen gehen vier Pilger in meiner Richtung vorbei, mit gleichmäßigem, flottem Schritt. Dann aber warten sie auf mich und bald haben wir uns herzlich bekannt gemacht: Monika und Fred Sattmann, ein Ehepaar aus dem oberösterreichischen Steyr, sowie Freds Bruder Franz Sattmann und dessen Freund Franz Pickl. Schon zu Ehren ihres Namenspatrons haben sich die beiden „Francescos" entschlossen, ihren Pensionsantritt mit der Wanderung auf dem Franziskanischen Weg zu feiern. Fred und seine Frau sind leidenschaftliche Wanderer, ich plaudere sogleich mit meinem Landsmann in einem fort, vor allem über den spanischen Jakobsweg, die Vía de la Plata, den das Ehepaar auch begangen hat. Ich wundere mich über Freds Form, da er ja bei unseren angeregten Unterhaltungen mit Gepäck die nun recht ansteigende Straße flott hochmarschiert. In Collescipoli kehren wir sofort in eine Bar ein und lassen es uns wohl sein, genießen, sitzen, Sonne, Eis, Wein. Aber ich bin Monikas Meinung: Gerade durch die vorhergehende „Askese" wird der Genuss intensiver. Die hiesige Jugendherberge öffnet übrigens erst um 17 Uhr.

1 Knorrige Bäume beim Abstieg von der Romita di Cesi | 2 Blick in die Gassen von Collescipoli

18. TAG COLLESCIPOLI – STRONCONE

Mein Glück mit dem Wetter ist enorm: Auch heute ist es wieder sonnig, warm, wolkenlos! Nach einigen Kilometern auf der Landstraße und einem Karrenweg verirre ich mich und überquere „wild" einen Bach, um schließlich auf einem Feldweg wieder richtig zur SS 64 zu gelangen. Tatsächlich sind ab Spello Pfadfinderqualitäten mitunter gefragt, aber der Wanderführer ist eine Hilfe. Dennoch bleibt Verirren wohl nicht ganz aus, es gehört fast dazu. Und das Fußbad war belebend.

Schließlich folge ich der verkehrsarmen SS 20 vier Kilometer lang und zweige sodann links ab Richtung *Ville di Vasciano*. Von dem Ort steige ich hinauf zu einer besonders eindrucksvollen franziskanischen Stätte, der heiligen Höhle *Sacro Speco di Sant'Urbano*, einer gewaltigen Felsspalte, in der Franziskus gerne meditierte. 1213 soll er erstmals hier gewesen sein. Zu jener Zeit befand sich hier eine Einsiedelei der Benediktiner, die zum Kloster von Stroncone gehörte. Die heutigen Bauten des Klosters gehen auf den hl. Bernhardin von Siena (Anfang des 15. Jahrhunderts) zurück. *Refektorium, Gang* und *Innenhof* sind beeindruckend schlicht. Sie sind aus hellem Stein erbaut und wirken freundlich. Im Zentrum ist ein Platz, der sich an seiner vierten Seite zur Landschaft hin öffnet. Von ihm fällt der Blick ins weite, weite Land – die franziskanischen Worte „Die ganze Welt ist unser Kloster" baulich illustrierend. Es ist ein besonderer Ort, den ich gerne in aller Ruhe erleben möchte. Das Privileg der Begleitung meiner Mutter mit dem Campingauto macht es möglich,

1, 2 + 6 Ländliche Idyllen | 3 Die zwei „Francescos", Franz Sattmann (l.) und Franz Pickl (r.), am Weg zum Kloster Sacro Speco di Sant'Urbano | 4 Franz Pickl beim Überqueren des Baches Aia | 5 Die deutsche Pilgerin Jeannette Gosteli beim Aufstieg zum Kloster Sacro Speco di Sant'Urbano, kurz vor dem Ziel

beim Kloster zu nächtigen und den Ort morgens und abends in gänzlicher Ruhe genießen zu können. Die folgende Doppelseite erzählt mehr darüber, während hier der Weg zum Etappenziel *Stroncone* folgt.

Beim Abstieg vom Kloster begegnet mir eine Pilgerin, die allein und sehr flott unterwegs ist. Sie trägt Kopfhörer und will jetzt sicher keinen Kontakt. Wir grüßen einander und gehen weiter. Am Ende der Reise werden gerade die später folgenden Begegnungen mit ihr zu meinen wichtigsten Erinnerungen an den Weg gehören.

Wieder unten im Tal setze ich mich hin: Es duftet nach frisch gemähtem Gras. Diese Landschaft ist keine südliche. Hier wachsen weder Wein noch Oliven. Es sind idyllische Hügel mit Feldern, Wäldern, kleinen Bächen und alten Dörfern obenauf. Holunder und Kastanien stehen in üppiger Blüte. Hier habe ich eben einen der schönsten Bäume meines Lebens gesehen – eine alte, ausladende Eiche. Alles an ihr, der Stamm, die Äste, jedes Blatt ist schön, lebendig, kraftvoll. Während meiner bewundernden Mäander unter dem Baum läuten die Kirchenglocken in den Dörfern ringsum.

Der Weg bis Stroncone ist von abwechslungsreichem Auf und Ab auf Karrenwegen und ruhigen Landsträßlein in friedvoller Landschaft gekennzeichnet. Ich treffe die zwei „Francescos“ wieder und gehe mit ihnen. Ich kann den beiden, die ja die ganze Etappe in einem Stück und mit vollem Gepäck gehen, eine gewisse Erleichterung nachfühlen, als Stroncone endlich in Sicht ist. Sie haben die Strecke zudem in sportlichen sechs statt acht Stunden bewältigt. Wie viele andere Pilger kommen sie im Hotel San Francesco unter.

1 + 2 Landschaftsimpressionen im Umland des Klosters Sacro Speco di Sant'Urbano

SACRO SPECO DI NARNI

Mittwoch, 11.5.2011, 6.15 Uhr morgens: Der Himmel ist blau, die Sonne strahlend, zu hören sind unzählige Vogelstimmen und leises Windgesäusel in den Blättern, sonst nichts. Heute ist mein 48. Geburtstag. Ich stehe vor den Holztafeln, in die die Mönche je eine Strophe von Franziskus' Sonnengesang geschnitzt haben: Laudato si', mi Signore, cum tucte le tue creature / spetialmente messer lo frate Sole / lo qual è iorno et allumini noi per lui (Gelobt seist du, mein Herr, mit allen deinen Geschöpfen, vornehmlich mit unserem Herrn, Bruder Sonne: Er schafft den Tag und schenkt uns das Licht.) Laudato' si, mi Signore, per Sora Luna e le Stelle (Gelobt seist du, mein Herr, durch unsere Schwester Mond und die Sterne), Laudato si', mi Signore, per frate Vento / per Aere e nubilo ... (Gelobt seist du, mein Herr, durch unseren Bruder, den Wind / durch Luft, Wolken und Wetter, heiteres und trübes, durch welche du deine Geschöpfe erhältst). Gelobt seist du, mein Herr, durch unsere Schwester, das Wasser, (...) durch unseren Bruder, das Feuer, (...) durch unsere Schwester, die Mutter Erde. ... Wie diese Verse voll euphorischer, ekstatischer Liebe Franziskus' zur Schöpfung, zum Schöpfer sind! Die Sonne Bruder nennen, den Mond Schwester, sich dem Nebel, dem Regen, dem Wind verwandt empfinden, sich eins fühlen mit den Wolken, dem Eis, mit dem Blitz – was für eine sinnliche, liebende, einfühlsame Haltung zur Schöpfung! Es ist eine Liebe nach „Art der großen Mystiker, die in Gott versinken, der nicht nur oben ist, sondern überall, der ‚alles in allem' ist. Eine Sicht, die alles in

1 + 2 Der Gebetsplatz des hl. Franziskus: ein (mit Votivgaben versehener) sechzig Meter langer Spalt im Fels oberhalb des Klosters Sacro Speco di Sant'Urbano (568 m) | 3 Franziskusstatue in der Morgensonne, am Parkplatz des Franziskanerklosters

einen Zusammenhang mit dem Geliebten bringt" (Bahr, S. 30). Eine Art Herzensverständnis für diese mystische Hymne über die Einheit der ganzen Schöpfung und die Omnipräsenz Gottes in ihr – das beschert mir Lo Speco und die Unbedingtheit, Unendlichkeit von Franziskus' Liebe rührt mich zu Tränen. Diesen Morgen werde ich nicht vergessen.

Anschließend steige ich hoch zur sechzig Meter langen Spalte in der steilen Felswand oberhalb des Klosters, zum Sacro Speco, dem Gebetsplatz des Franziskus. Er liebte solche Rückzugsorte. Aus dem hellen Tag hineingehen in den tiefen, finsteren Spalt: die immer wieder nötige Begegnung mit den dunklen Seiten der Seele – und daraufhin wieder den Schritt hinaus ins Lichte, in die Weite erfahren; das Sich-Verkriechen in die Geborgenheit der Mutter Erde und das erneute Heraustreten in die Welt; das Lichte und Dunkle; das Weite und Enge; die Introversion und die Extraversion, die Einsicht und die Aussicht. Es ist ein äußerst eindrucksvoller, atmosphärisch dichter und anregender Ort. Und der Blick fällt weit ins Land.

Ein Fresko in der Kapelle daneben erinnert an das legendäre „Weinwunder": Als Franziskus hier einmal, ernsthaft erkrankt, um einen Becher Wein gebeten hat, war keiner vorhanden. Da bat er, Wasser zu holen. Dieses segnete er und es wurde zu Wein. Nach seinem Genuss gesundete er wunderbar schnell (vgl. Clasen, S. 296).

Ich habe mir im Kloster eine Kerze zum Geburtstag gekauft. Mit ihrem Licht danke ich für mein Leben. An meinem 46. Geburtstag bin ich auf dem Jakobsweg bei strömenden Regen nach Galicien gewandert. Ich bin glücklich über „meinen Weg".

1 Steinbrunnen im Klostergelände: Aus ihm soll das Wasser geschöpft worden sein, das zu Wein wurde | 2 Ausblick vom Kloster Sacro Speco di Sant'Urbano ins Umland

STRONCONE

Das letzte Wegstück nach Stroncone ist wieder auf der Straße zu absolvieren. In der Stadt angekommen, führt sie mich geradewegs zum *Franziskanerkloster*. Dieses geht auf eine von Franziskus 1213 gegründete Einsiedelei zurück, die später immer weiter ausgebaut wurde. 1373 wurde es eines der ersten Klöster der Observanten, des strengeren Zweiges der Franziskaner. Ihre Kapellen sind mit schönen *Fresken* ausgemalt: Um sie zu sehen, drücke ich mir die Nase an den Fenstern der Kapellen platt und schirme das Licht mit den Händen ab. In der linken hat Tiberio d'Assisi (1509) eine Madonna mit Kind dargestellt und in der rechten glaube ich naive Darstellungen von Szenen aus dem Leben des Franziskus zu erkennen. Ich würde sie gern eingehender betrachten und fotografieren. Am Tor sind jedoch keine Öffnungszeiten angeschlagen, also warte ich. Bald fährt ein Mönch mit dem Auto aus der Pforte daneben. Dieser meint, ich solle am Tor läuten. Das tue ich, aber bald antwortet mir eine Stimme dahinter, nein, das Kloster könne nicht besichtigt werden, nur die *Kirche* stehe offen. Darin wird in einem Glassarg ein seltsam anmutendes Kuriosum zur Schau gestellt: der *unverweste Leichnam* des selig gesprochenen Observanten-Laienbruders Antonio Vici. Er war 1461 in San Damiano gestorben und begraben worden. Ein Jahr nach seinem Tod soll sich über seinem Grab eine Flamme gezeigt haben. Die örtlichen Bauern brachten den Leichnam im 19. Jahrhundert hierher, denn schließlich hatte Stroncone keinen Heiligen, Assisi dagegen so viele (vgl. Freeman, S. 214).

1–4 Einige der vielen charmanten, interessanten Türen in den alten Gassen Stroncones (5000 Einw., 450 m) | 5 Gasse mit Bogendurchlässen | 6 Blick auf Stroncone in der Abendsonne

Rechter Hand der Straße dominiert auf dem Hügel das kompakte Häuser-Ensemble des alten Bergstädtchens *Stroncone*. Ich schlendere durch das Gewirr seiner Gassen. Auch wenn ich auf dieser Reise viele umbrische Bergdörfer kennengelernt habe – die Enge dieser Häuserschluchten, die Steilheit dieser Gassen sind beeindruckend! Weder Überrestaurierung noch lieblose Bauten der Moderne stören das Bild des Ortes, dem noch heute deutlich seine Geschichte eingeschrieben ist: Er ist aus einer mittelalterlichen Burganlage entstanden, die zunächst den Mönchen von Farfa und daraufhin der Kirche gehörte. Im Verlauf heftiger Kämpfe gegen Narni wurde sie zerstört und auf Geheiß von Papst Innozenz III. ab 1215 wieder aufgebaut. Die Lage der Stadt und ihre Bauweise machten Stroncone daraufhin jahrhundertelang uneinnehmbar. Heute werden die Gassen von den meist älteren Bewohnern als Privatraum mit genutzt und vielfach mit Blumentöpfen geschmückt. So manche alte Tür fällt ins Auge. Dafür habe ich ein Faible: Denn eine Tür ist ein vielsagender Punkt eines Hauses, die Grenze zwischen der privaten Welt ihrer Bewohner und der öffentlichen Umgebung. An ihrer Gestaltung zeigt sich Persönlichkeit, Individualität und an ihrem Material, an Holz und Lack etwa, vielfach auch die Zeit ... In Stroncone gibt es auffallend viele Kirchen. Auch die kleinen Plätze davor nutzen die Städter offenbar als „Lebensräume“. An einem Abend mit derart strahlendem Sonnenschein wie heute sind die lichtlosen Gassen allerdings nahezu menschenleer – weil ihre Bewohner in den Cafés, auf dem großen Platz und im Park, gleich außerhalb der Altstadt, die Sonne genießend, zusammensitzen und plaudern.

1 Ein kleiner Park mit Zypressen, ganz oben am Hügelkamm, nahe der Kirche Santa Maria del Colle | Seiten 118–119: Eine der vielen üppig blühenden Blumenwiesen, die im Frühling den Weg verschönern

19. TAG
STRONCONE – SANTUARIO GRECCIO

Wieder ist der Himmel strahlend blau und wolkenlos. Um 9 Uhr hat es 21 Grad! Und ich freue mich so am Gehen! Ganz oben in Stroncone biege ich nahe der Kirche *Santa Maria del Colle* in einen als *Sentiero Francescano* markierten Karrenweg. Zweimal die asphaltierte Passstraße querend, genieße ich die ansprechende Landschaft, den Duft unzähliger Zyklamen im Wald und den schönen Blick auf Stroncone.

Oben folge ich drei Kilometer lang der Landstraße, die mehrere mächtige Eichen und Maronibäume säumen. Die Stars des Ferienortes *I Prati* sind seine Namensgeber: die Wiesen! Sie sind voller gelber, weißer, rosa Blumen, bunt gemischt oder fast einfärbig, unterschiedlich dicht – wie Lichtreflexe auf einem See! Besonders idyllisch ist auch die folgende Alm *Piani di Ruscio*: Auf weitflächigen Wiesenmatten weiden Schafe, Kühe, Pferde. Ihre Glocken bimmeln näher und ferner. Ein alter Hirte, mit sonnengegerbtem Gesicht und Zahnlücken, grüßt lächelnd.

Wie eine sakrale Burg klebt das erste der vier berühmten Klöster des Rietitales, das von *Greccio*, auf den Felsen. Die Legende sagt, dass die Einwohner Greccios Franziskus sehr zugetan waren und ihn näher bei sich haben wollten. Der Heilige bat daraufhin einen Buben, ein brennendes Stück Holz wegzuwerfen. Wundersamerweise flog es zwei Kilometer weit und markierte den Ort, wo sich die Brüder niederließen. Dieses Kloster wurde berühmt. Denn Franziskus hat hier 1223 die Weihnachtskrippe „erfunden", indem er erstmals die Geburt

1 Wiese bei I Prati (850 m) | 2–4 Ausschnitte aus Exponaten der Krippenausstellung in der Kirche der Klosteranlage Greccio (635 m)

Christi samt Ochs und Esel nachstellen ließ. Die Krippe war für Franziskus kein niedliches Spiel, sondern ein ernstes Mahnmal, womit er den Menschen ihren Gott als einen obdachlos, in einem Stall, zwischen Ochs und Esel (vgl. Rotzetter, S. 138) geborenen Säugling hinhielt. Und er wollte die Menschwerdung Christi greifbar machen – eines lebenden Gottes, der sich auf die Seite der Erniedrigten, Verachteten stellt – ein Bild der Hoffnung für die ganz am Boden, Verzweifelten. Deswegen war Weihnachten für ihn das Fest der Feste und er wünschte sich, dass sich an diesem Tag alle freuen sollten: Daher sollten den Vögeln Körner gestreut, Ochsen und Esel gut genährt und die Armen von den Reichen gesättigt werden (vgl. Legenda Perusina 14, zit. n. Seracchioli, S. 146).

Die hiesige *Krippenkapelle* wurde schon 1228 in der Grotte erbaut, worin Franziskus Weihnachten gefeiert hatte. Das *Fresko* darüber illustriert dieses Fest und es zeigt, wie Maria dem göttlichen Säugling die Brust gibt. Wenige Schritte weiter steht man an einem der ältesten Aufenthaltsorte des Heiligen und seiner Brüder: *Küche, Ess- und Schlafsaal sowie die Zelle des Franziskus*, wo er auf einem nackten Felsen betete und schlief, veranschaulichen franziskanische Bescheidenheit. Über eine Treppe hinauf kommt man in die primär von den Observanten und Bernhardin von Siena erbauten Gebäude, u. a. das *Dormitorium* (13. Jahrhundert) mit originaler *Holzkonstruktion:* Beidseits des Ganges liegen winzige *Mönchszellen*, die bis 1915 von den Brüdern noch bewohnt wurden. Die erste Zelle rechts wurde traditionell von Bonaventura und Bernhardin von Siena bezogen. Die große, moderne Kirche (1959 erbaut) zeigt eine sehenswerte *Sammlung von Krippen* aus aller Welt.

1 Wiese bei I Prati | 2 Das Kloster Greccio in exponierter Lage auf einem Fels, umgeben von Eichenwäldern

20. TAG GRECCIO – RIETI

Abends begegne ich Jeannette wieder und wir essen miteinander im Lokal an der *Piazza Roma*, dem netten Hauptplatz Greccios. Diese leidenschaftliche Geherin hat es zu einem Teil ihrer Lebenskultur gemacht, den Weg zur Arbeit zu Fuß zu gehen – sieben Kilometer am Morgen, sieben Kilometer am Abend. Sie erzählt, wie bereichernd das ist für sie: Der Fußweg beschert ihr eine Zeit „für sich", Ruhe, sich auf den Arbeitstag vorzubereiten und ihn am Abend ausklingen zu lassen. Da Jeannette aber auch von ihrem Zuhause in Zittau an der polnisch-tschechischen Grenze nach Santiago de Compostela gewandert ist, weiß sie, wovon sie spricht, wenn sie den Franziskusweg unvergleichlich findet. Denn er bietet nicht ein Highlight am Ende des Weges, sondern reiht eine spirituelle Stätte an die nächste, wie Perlen auf einer Schnur. Auf die ihr eigene, leichtfüßige und tiefsinnige Weise erzählt sie, wie sie diese Stätten empfunden hat, und findet es gut, ins Rietital mit seinen stillen Klöstern, die so sehr einladen, in den franziskanischen Geist einzutauchen, am Ende der Reise zu gelangen. Um das entsprechend würdigen zu können, brauche es die Zeit davor.

Greccio, 90 Kilometer nördlich von Rom gelegen, gehört schon zur Region Latium. Der Ort soll von griechischen Einwanderern in der Antike gegründet worden sein. Heute hat der 388 Meter hoch gelegene Ort 1600 Einwohner. Das am Ortsrand gelegene Kloster zieht viele Besucher an. Zudem beginnt hier der gut markierte Cammino Francesco, der die vier schönen,

1 Greccio (1600 Einw., 705 m) | 2 + 3 Viele Häuser zieren Franziskus-Fresken (2010, verschiedene Maler) und mehr sind im Entstehen. | 4 Rückblick auf das Zentrum von Contigliano (3700 Einw., 488 m)

im Bergland des Rietitales verstreuten Klöster verbindet. In Greccio stellt man sich künftig noch bewusster auf Franziskuspilger ein: Das Gastgewerbe macht mobil, der Hauptplatz wird eben renoviert und viele der alten Häuser im Ort wurden 2010 mit Franziskus-Fresken versehen.

Das erste Wegstück der heutigen Etappe verläuft auf der Straße und dann auf einem Karrenweg. Dabei begleitet mich ein Hund – so weit, dass ich mir Sorgen mache, ob er zurückfinden wird. Vor dem *Convento di Pastore* dreht er aber um. Dieses Kloster ist heute eine Luxus-Location für Events. Es ist schade, dass das Haus seines spirituellen Aspektes beraubt ist.

Auch den Weg vor und nach *Contigliano,* durch Wald und vorbei an Feldern, empfinde ich als sehr hübsch. Das Gassengewirr in *Contigliano* ist so verwinkelt, dass ich mich darin verirre. Dann ist es Zeit für Jause und Pause. Ich sitze auf einem Feld unter einer Eiche, gegen einen Strohballen gelehnt, und stelle wieder fest, wie unvergleichlich gut es mir schmeckt, wie wohltuend es ist, wenn Durst, Hunger oder das Bedürfnis nach Rast gestillt werden. Ich nehme es bewusster wahr als zu Hause. Und ich merke, wie viel mehr mich dieser Weg zu Franziskus führt, als ich je dachte. Am wichtigsten ist für mich die Begegnung mit seinem Geist – im Erleben, dass hier, an verschiedenen franziskanischen Stätten, sein Erbe gelebt wird und in der Natur selbst, auf „seinen" Wegen, durch „sein" Land gehend. Darauf wäre ich anderswo nicht gekommen, hoffe aber, etwas von seinem Erbe mitzunehmen.

Höhepunkt dieser schönen Etappe ist das Kloster *Fonte Colombo*.

1–5 Heute führt der Weg durch Wälder, an Feldern und vor Rieti am Fluss Velino entlang. | 6 Graffiti an der Peripherie Rietis

SANTUARIO FONTE COLOMBO

In seinen letzten Lebensjahren kam Franziskus oft nach Fonte Colombo, auch im September 1223, als er Bruder Leo nach vierzigtägigem Fasten in einer Höhle die endgültige Ordensregel diktierte. Daher wird der Ort auch das „Franziskanische Sinai“ genannt. Die inzwischen mehrere tausend Minderbrüder lebten damals in klosterähnlichen Niederlassungen, meist am Stadtrand. Franziskus stand unter Druck, eine kirchenrechtlich brauchbare Regel zu erstellen. Dem war ein dreijähriger, zäher Schriftverkehr mit der päpstlichen Kurie vorausgegangen, die sich denn auch „mit mancherlei Formulierungshilfe“ (Holl, S. 160) in die Regel einbrachte. Diese institutionalisierte den päpstlichen Einfluss auf den Orden, untersagte Kritik am Reichtum des Klerus, verbot Wanderpredigten und erklärte Betteln statt Handwerk zur Lebensgrundlage. Dennoch ist jedem ihrer Sätze der zähe Kampf des Franziskus eingeschrieben, die Substanz seines Lebensprogramms zu wahren, und das ist ihm gelungen: Auch im dritten Jahrtausend sind seine Maximen in Kraft, denn die Regel ist für Franziskaner noch immer gültig (vgl. Holl, S. 249) und sie wirkt, wie Adolf Holl zusammenfasst, „bis heute erstaunlich befreiend“ (Holl, S. 200). Als der Heilige jedoch zu seinem Lebensende erkennen musste, dass die Kirche „sehr viel Wasser in seinen Wein gegossen hatte“ (Holl, S. 87), schrieb er 1226 ein Testament, worin er an seine Grundwerte, vor allem die Armut, erinnerte. Er wollte, dass es bei jeder Versammlung der Brüder verlesen werde, aber schon 1230 sprach ihm der Papst jede bindende Kraft ab.

1 Kreuzgang | 2 Aus dem Buchstaben Tau entwickelte sich der römische Buchstabe T und das cyrillische Te. Das Zeichen wurde 1921 in der Magdalenenkapelle entdeckt. | 3 Kapelle an der Fonte Colombo, der Taubenquelle, nach der Franziskus die Einsiedelei (549 m) benannte | 4 Abgang vom Kloster hinunter zur Franziskusgrotte

In diesem versteckten, intimen Santuario besuche ich die *alten Räume der Einsiedelei, die Kirche, den Kreuzgang*, die *Grotte* und *Höhle* des *Heiligen* und sodann die *Magdalenenkapelle*. In ihrer Fensternische fällt das rote *Tau*-Zeichen auf. Franziskus soll es selbst dorthin gemalt haben. In der Bibel, so heißt es, wurde es auf die Stirn derer gezeichnet, die gerettet werden sollten. Franziskus könnte es an den Antoniusbrüdern, die Aussätzige pflegten und das Tau auf ihrem Habit trugen, gesehen haben. Er liebte dieses Symbol. Er segnete Menschen damit und signierte mit ihm seine Briefe. Er zeichnete es auf Häuser, Bäume und Kirchenwände. Die Kreuzform des Symbols war ihm sicher wichtig – als Zeichen für die Nachfolge Jesu, die er zu leben suchte. Jedes Mal, wenn Franziskus dieses Zeichen setzte, tat er also Sinn, Ziel und Art seines Lebens kund. Es ist das Wahrzeichen seines Ordens.

Franziskus war kein Mensch, der das Leid verklärte, und er fügte sich ihm auch nicht. Sondern er ging damit auf die aktivste Weise um: Er bejahte es. So nahm er ihm den Stachel, so wurde ihm „das Bittere süß“: In Ägypten hatte er sich eine bakterielle Augenentzündung zugezogen, die (unbehandelt) zum Erblinden führt. In Fonte Colombo unterzog er sich 1225 einer Behandlung, bei der die Gesichtspartie zwischen Auge und Ohr mit einem glühenden Eisenstab verbrannt wurde. Im Sonnengesang hatte Franziskus das Feuer als nützlich, schön und stark gelobt und als Symbol für Gott gesehen. Nun begegnete er der qualvollen Prozedur das Feuer einladend und bittend: „Sei in dieser Stunde ein wenig höflich zu mir. Ich bitte unseren Schöpfer, dass er die Hitze ein wenig kühlt, damit ich die Glut ertragen kann“ (zit. n. Freeman, S. 151).

1 Franziskus-Büste in den Räumen der ursprünglichen Einsiedelei. Sie zeigt den Heiligen zur Zeit der schmerzhaften (und erfolglosen) Trachom-Behandlung. | 2 La Maddalena, die Magdalenen- oder Madonnenkapelle – sie hatte schon zur Lebenszeit Franziskus' existiert und beinhaltet einige byzantinische Fresken.

RIETI

Bald nach Fonte Colombo betrete ich die *Conca Reatina*. Das ist eine fast kreisrunde Ebene von über zehn Kilometern Durchmesser, die fast ganz von Bergen umschlossen und vom mächtigen Bergstock des *Monte Terminillo* (2216 m) überragt wird. Das Becken selbst liegt zwar nur auf 400 Metern, dennoch wirkt diese Landschaft nicht mediterran, sondern eher mitteleuropäisch. Bis 1926 gehörte die Provinz noch zu Umbrien, wozu sie hinsichtlich ihres vorwiegend gebirgigen Landschaftscharakters auch gut passt.

Das letzte Stück in die Provinzhauptstadt Rieti führt am Ufer des Flusses *Velino* entlang. Er ist erfreulich klar. Auch sind hier Reste einer *römischen Brücke* erhalten.

Denn Rieti, etwa 80 Kilometer nordöstlich von Rom, und zwar exakt im geografischen Mittelpunkt Italiens gelegen (ein *Monument an der Piazza S. Rufo* verbildlicht dies), geht auf die Sabiner zurück, wurde daraufhin aber Teil des römischen Imperiums. Schon in der Antike bog die Straße von Rom (die heutige SS 4, die *Via Salaria*) am Forum, der heutigen *Piazza Vittorio Emanuele II.*, im scharfen Winkel nach Osten ab, nach San Benedetto del Tronto an der Adria. Damals bedeckte eine Sumpf- und Wasserfläche den Talboden, da die Flüsse keinen Abfluss hatten. 290 v. Chr. durchbohrten die Römer die Wand des Sees und ließen das Wasser nach Terni in den Fluss Nera fließen. So entstanden die Wasserfälle *Cascate delle Marmore* – eine meisterhafte Wasserversorgungsmaßnahme. Ihretwegen kam es

1 Das atmosphärisch ansprechende Zentrum der Industriestadt Rieti (48.000 Einw., 405 m) | 2, 3 + S. 127 unten: Defilee von Sportwagen, auch der italienischer Parademarken Ferrari, Lamborghini, Maserati durch das Zentrum Rietis

aber zu Konflikten und Klagen. Rom leistete sich dazu seinen besten Anwalt: den Philosophen und Schriftsteller Cicero.

Heute leben hier circa 48.000 Menschen. Sie arbeiten vielfach in der örtlichen Zucker- und Chemiefaserindustrie. Die wichtigsten Sehenswürdigkeiten der Stadt, außer ihren *Befestigungsmauern* aus dem 13. Jahrhundert, haben ihren Mittelpunkt in einer *Statue des Franziskus*, die 1927 zum 700. Todestag des Heiligen errichtet wurde. Sie steht vor dem romanischen *Dom* (1225) mit seinem Franziskus geweihten *Hauptaltar* an der *Piazza Cesare Battisti*. Seit ca. 500 n. Chr. ist Rieti Bischofssitz. Bis ins 13. Jahrhundert zurück geht die Baugeschichte des Bischofspalastes, *Palazzo Vescovile*, der an die Nordseite des Doms angebaut wurde. Hier hatte Franziskus lange wegen seiner Augenkrankheit gewohnt. Die beeindruckende gotische *Säulenhalle* im Untergeschoß des Palastes ist von der *Piazza Vittori* zugänglich.

Autofetischisten gibt es überall, aber in Italien dürfte ihre Dichte und die Passion für „la bella macchina" besonders ausgeprägt sein – umso mehr, wenn es sich nicht um „gewöhnliche" Luxusschlitten handelt, sondern um Stars der italienischen Mobilindustrie, wie Ferrari, Lamborghini, Maserati. Als ich Rieti besuche, rollen mit sattem Klang viele, viele Millionen Euro durch die Tore der alten Stadtmauer, die Altstadtstraßen, über die Plätze: Schnitt, Lüxus, Rasse in Rot, Schwarz, Silber. Auf den Straßen stehen die Menschen Spalier, bewundernd, neugierig, mit einem oft verliebten Blick. Die Geste, mit der Franziskus auf dem Denkmal zum Himmel weist, bekommt angesichts dessen eine Note von: „Ach, Kinder! ..."

1 Franziskusdenkmal vor dem romanischen Dom an der Piazza Cesare Battisti, 1927 errichtet, anlässlich des 700. Todestages des Heiligen

21. TAG
RIETI –
POGGIO BUSTONE

Die letzte Etappe hat es noch mal in sich, vor allem, weil es heute so heiß ist. Aber sie ist auch sehr schön.

Im Ort *Cantalice* scheint ein Haus nahezu auf dem Dach des darunterliegenden erbaut worden zu sein, so steil ist der Hügel, auf dem es liegt – ein idyllisch anzusehendes Extrem italienischer Bergdörfer. Die gute Verteidigungsmöglichkeit des Ortes, der durch seine an drei Seiten sehr exponierte Lage und die robusten Befestigungsmauern ringsum gegen die häufigen Überfälle der Sarazenen und der Krieger aus Rieti geschützt war, war Grund dafür, sich hier niederzulassen. Am höchsten Punkt des Ortes steht eine *Kirche* aus dem 18. Jahrhundert. Sie beherbergt die *Gebeine des heiligen Felix*, dem ersten heiliggesprochenen Kapuziner (vgl. Seracchioli, S. 158–159).

Heute begegne ich mindestens zwanzig Pilgern. Fast alle gehen zu zweit oder in kleinen Gruppen. Den Weg miteinander gehen … Man kennt die Schrittlänge des anderen, seinen Geruch, was er gerne isst, Persönliches kommt zur Sprache, man entdeckt neue Seiten aneinander. „Mit einem Freund an der Seite ist kein Weg zu lang“, sagt ein japanisches Sprichwort. Ich habe das Glück, sehr intensive Freundschaften zu haben. Einige von ihnen begleiten und bezeugen meinen ganzen Lebensweg. Was ich an meinen Freundschaften erlebe, sind Zuneigung und Anteilnahme, Vertrauen und Interesse für das den anderen Bewegende. Sie bedeuten, dem Glück und der Trauer des

1, 3, 5 Einige der sehenswerten Brunnen in verschiedenen Bergdörfern dieser Etappe | 2 Zwei Pilger-Paare in Cantalice, Therese & Konrad Graf, Sieglinde & Richard Blöchinger aus Grafenau-Rosenau im Bayerischen Wald | 4, 6 Jeanne und José, zwei holländische Freundinnen unterwegs nach Rom | 7 Ein reizvoller Wegabschnitt

anderen Raum geben, im Leid für ihn da sein, sich mit ihm freuen, seinen Erfolg feiern, ihm Gutes wünschen, auf die einem eigene Art helfen, den Freund auf seinem Weg unterstützen und sich auch mit Halbfertigem, Dunklem zeigen können, weil sein Wohlwollen gewiss ist. Im Austausch mit meinen Freunden bekomme ich die Chance, eigene Lebensmuster zu erkunden, Probleme neu und weniger bedrohlich zu sehen und den Mut zu finden, dem Neugierigen, Euphorischen in mir zu folgen, ins Unbekannte aufzubrechen. Diese Freundschaften bedeuten auch Feste, Rituale, Erlebnisse und Unternehmungen, die zu diesem Menschen und mir passen. Die Beziehungen zu meinen Freunden gehören zum Wichtigsten in meinem Leben. Meine Freunde sind Glück, Lachen, Freude, Halt und Heimat. Die Zuneigung zu ihnen ist mir in diesen Wandertagen noch bewusster geworden.

Ich genieße diese schöne, abwechslungsreiche Etappe, plaudere immer wieder mit Pilgern und denke dankbar zuruck an diese Reise. Vor meinem geistigen Auge erscheinen sie wie Perlen auf einer Schnur, die toskanischen und umbrischen Landschaften und die des Rietitals, die Wälder, Wiesen, Felder, Bäume, Bienen, Vögel, die Sonne, Sterne, Städte, meine Erlebnisse, Begegnungen, Träume, Einsichten und Ausblicke auf diesem Fußweg und in mir ist ein einziges, riesiges Danke!

1 Das extrem steile Gassengewirr des Ortes Cantalice (2800 Einw., 660 m) | 2 Von Sträuchern umsäumter Pfad auf der letzten Etappe nach Poggio Bustone

SANTUARIO LA FORESTA

Über Franziskus' Beziehung zu La Foresta gibt es folgende Geschichte: Als er sich vor seiner Augenbehandlung in eine stille Kirche außerhalb Rietis zurückzog, strömten die Menschen in Scharen herbei, um den mittlerweile berühmten Heiligen zu sehen. Dabei zertrampelten sie, zum Leidwesen seines Gastgebers, des Pfarrers, den Weinberg und aßen die Trauben. Franziskus versprach ihm trotzdem reiche Ernte und wirklich gaben die wenigen Beeren mehr Wein her als je zuvor. Pater Anton Rotzetter erläutert die kirchenkritische Dimension dieser Geschichte: In der Bibel symbolisiert der Weinberg die Kirche. Die Verwalter der Weinberge kommen dabei oft schlecht weg. Dennoch: Auch wenn das Verhalten der Funktionäre zerstörerisch ist, wendet Gott alles zum Guten, ist die Kirche unzerstörbar, die Ernte gewiss. Im Allgemeinen wird der Rückzugsort des Franziskus' mit einer Kirche, die dem heiligen Fabian geweiht war, im heutigen La Foresta, identifiziert. Allerdings könnte dieser auch die Kirche des heiligen Flavian in Campo Moro am Stadtrand von Rieti gewesen sein (vgl. Rotzetter, Fioretti, S. 75–76).

La Foresta wirkt mit seinem feinsäuberlich gepflegten *Gemüsegarten* eher wie ein großes, italienisches Landgut. Eine *Mauer mit Kreuzwegstationen aus Keramik* (18. Jahrhundert) umgibt das Anwesen. Der Raum, wo Franziskus untergebracht war, genauso wie die Grotte, wo er gebetet haben soll, sind erhalten. Es heißt auch, Franziskus habe hier einen Teil des Sonnengesangs verfasst. Eine moderne

1 Kreuzgang und Gebäude des Klosters La Foresta (verschiedene Epochen, 520 m) | 2 Die Felsgrotte des hl. Franziskus | 3 Das Tau-Zeichen im Fenster der hiesigen Kapelle

Figurengruppe vor dem Eingang zeigt Franziskus, inmitten der Brüder, singend.

Nachdem das Kloster vor vielen Jahren von den Franziskanern verlassen wurde, ist es heute Heimstatt von „Mondo X": Ein Franziskaner namens Eligio, ehemaliger Seelsorger des berühmten Fußballclubs „Inter Milan", war als Telefonseelsorger mit dem Drogenproblem konfrontiert worden und gründete daraufhin vor etwa sechzig Jahren die Gemeinschaft Mondo X, die heute vom Franziskanerorden anerkannt und in vielen ehemaligen Klöstern anzutreffen ist. Er wollte Menschen helfen, von ihren Suchtkrankheiten wie Alkohol- und Drogenabhängigkeit, Anorexie, Bulimie oder Spielsucht zu gesunden. Eintritt und Austritt erfolgen bei Mondo X freiwillig, während des Aufenthalts gibt es aber strikte Regeln: Verbot von Fernsehen, Zeitungen, Zigaretten, Alkohol und sogar Kaffee. Den Tagesablauf prägen Gebete, Arbeit und Gespräche. Fünf Männer kümmern sich um die Instandhaltung La Forestas. Ihr Leiter ist Matteo, ein junger Mann, dem selbst vor Jahren von Mondo X geholfen wurde. Jetzt hilft er anderen.

Eine Gruppe von Pilgern nimmt vor dem Eingang Platz. Eine Frau spricht und liest einen Text vor. Ich habe den Eindruck, ihre Zuhörer lauschen zugleich ihren Worten und in sich hinein. Die Atmosphäre dieses Innehaltens berührt mich – es ist eine der Öffnung nach außen und innen und des gleichzeitigen Bei-sich-Seins in Gemeinschaft mit anderen. Zuvor war mir der Mann aufgefallen, der der Gruppe den anmutigen Kreuzgang des Klosters (15. Jahrhundert) zeigte. Später erfahre ich, dass dies der Co-Autor dieses Buches war, Pater Anton Rotzetter, der eine Pilgergruppe durch das Rietital führte!

1 Pater Anton Rotzetter mit seiner Pilgergruppe vor dem Kloster La Foresta | 2 Kreuzgang; rechts ist das Gasthaus, in dem Franziskus mit seinen Begleitern vier Monate weilte | S. 132–133: Oliven, Sonne, Wiesen voll Blumen – Italien… es ist in jedem Anblick, als Duft und Gefühl auf der Haut und im Herzen ganz da!

POGGIO BUSTONE & SANTUARIO SAN GIACOMO

Schon vom Feld unterhalb Poggio Bustones bietet der Ort einen schönen Anblick. Zu ihm hinauf folgt ein letzter, mühsamer Anstieg. Am Kirchenvorplatz sitzen Männer im Schatten. Sie weisen mir mit ihren Gehstöcken die Richtung zum Santuario am Ortsrand. Dieses Kloster hält Abstand vom Alltagsleben der Menschen.

Franziskus war schon in den ersten Jahren der Bruderschaft, ca. 1208/09, nach Poggio Bustone gekommen. Hier hatte er eine mystische Gotteserfahrung und dies war auch der Ort, von wo aus er erstmals die Brüder auf Wanderpredigten aussandte.

Das *Kloster San Giacomo* liegt aussichtsreich wie ein Adlerhorst über einer Schlucht, auf 818 Metern Seehöhe. Gleich dahinter beginnen die einsamen Berge der *Monti Reatini*. Die Klosterräume werden derzeit renoviert, aber der kleine *Kreuzgang* mit den *Fresken* und Pflanzen ist entzückend. Von hier gelangt man hinab zu Franziskus' *Oratorium* im Fels. Jemand hat es mit Nelken geschmückt. Im *Souvenirgeschäft* schenkt mir der junge Mönch eine Wanderkarte und erklärt mir geduldig den Weg zur Franziskusbuche. Auch dieser Ordensmann hat die Aura eines ganz und gar freudvollen Menschen.

Am Abend ruft uns Jeannette aus dem Fenster des *Pilgerhospizes* einen Gruß zu und wir verabreden uns im *Restaurant*. Dort feiern wir unsere Reise und wünschen einander einen guten Weiterweg. Das Lokal ist eine erheiternde Mischung zwischen seiner von den Besitzern – mit teurer

1 Der hübsche Ort Poggio Bustone (2200 Einw., 756 m) geht auf das 12. Jh. zurück. Erhalten sind das gotische Tor Porta Buon Giorno und ein Burg-Turm. Hierher kam Franziskus in den Anfangsjahren des Ordens oft. | 2 Der Gehsteig des Ortes dient auch als Freizeitraum und Treffpunkt. Weit reicht hier der Blick über die Conca Reatina.

Tischwäsche – angestrebten, „gehobenen" Wirkung und der eigentlich gemütlichen, nicht perfekten Lebensrealität: Da surrt der Eisschrank laut neben dem Tisch, tönt der Fernseher durch den Raum und darunter nehmen Handwerker im Arbeitsdress einen Drink zum Feierabend. Ich kann mir diese Feier gar nicht besser vorstellen – das Zusammensein von drei Frauen – traut, still, lebendig, heiter.

Am nächsten Morgen steige ich noch ein Mal hoch zum *Lo Sacro Speco*, dem Gebetsplatz des Franziskus eine halbe Gehstunde oberhalb des Klosters.

„Ein tiefer Spalt und die Weite! Es ist immer dasselbe!", hatte Jeannette über das Oratorium im Fels, die Grotte, in die sich Franziskus gern zum Gebet zurückzog, gesagt – lachend und die Weite demonstrierend, die Hände quasi von sich „werfend". Hier oben, wo man eine schlichte Kapelle mit Glocke errichtet hat, setze ich mich hin und denke zurück an meine Reise. Meine Tage waren vollkommen sorglos und inspiriert. Ich empfinde Zärtlichkeit für den Weg, Respekt für die Pilger, Dankbarkeit, dass alles gut gegangen ist, und eine große Freude. Diese stille Morgenstunde allein beim Sacro Speco hat aber noch ein Geschenk für mich: Oft gesagt und längst „verstanden", zeigt es sich hier, da ich es empfinde, mit neuer, glasklarer Deutlichkeit: Ohne Liebe kann es kein Glück geben. Das ist das Wichtigste, worum es überhaupt geht: lieben.

„Wie schön ist das Leben! Wie reich war diese Reise!" – mit diesen Empfindungen läute ich sodann die Glocke der kleinen Kapelle – ein hoher, heller Klang am Ende meiner Fußreise – aus übermütiger Freude am Abenteuer Leben.

1 Kirche (Ende des 14. Jh., dem hl. Jakob, Patron der Pilger, geweiht) und Kloster Poggio Bustone – ursprünglich eine Benediktiner-Einsiedelei, die Franziskus übertragen wurde | 2 Kreuzgang | S. 137: Einsiedelei oberhalb des Klosters | S. 139: Sonnenlicht auf einem Gebirgsfluss

POGGIO BUSTONE – DIE STUNDE DER WAHRHEIT

Franziskus musste weite Wege gehen, bis seine innere Stimme verstummt, die ihm Angst macht und er erkennt, dass Gott größer ist als sein Herz.

Am Ende eines solchen Weges stand Poggio Bustone, ein kleiner Ort, der etwa 20 Kilometer von Rieti entfernt an einem Berghang klebt. Hier zieht jedes Jahr am 4. Oktober frühmorgens ein als Pilger verkleideter Mann von Haus zu Haus. Vor jeder Tür bleibt er stehen und klopft an; der Hausherr öffnet die Tür und tritt auf die Schwelle. Der Pilger ruft ihm dann laut und deutlich zu: „Buon giorno, buona gente! Guten Tag, gute Leute!" – gerade so, als ob Franziskus selber es sagen würde. Der Hausherr erwidert ebenso laut und deutlich: „Buon giorno!"

Schon früh kam Franziskus mit diesem Gruß an diesen Ort, möglicherweise schon 1208/1209, also noch vor seinem Gang nach Rom, wo er die kirchliche Anerkennung seiner Bruderschaft suchte.

Poggio Bustone wird ihm zum Ort der Offenbarung, hier erfährt er die Stunde der Wahrheit. Denn hier, ein wenig oberhalb des Klosters San Giacomo, durchlebt er in einer Einsiedelei, die heute noch besteht, Gewissensbisse und Seelennot: Er fühlt sich hoffnungslos verstrickt in die Ausweglosigkeit menschlicher Schuld, erdrückt durch die Last seiner Verfehlungen, eingekerkert in das Gefängnis des eigenen Ichs. Wer glaubt, alles leisten zu müssen und für alles verantwortlich zu sein, gerät an den Rand der Verzweiflung. Doch plötzlich durchdringt ein Engel die dicken Mauern und ein Licht die dunkle Nacht: Da gibt es doch nicht nur die Welt, nicht nur den Menschen, nicht nur ihn, Franziskus. Nein, da gibt es doch vor allem Gott, IHN, der gesagt hat: Ich bin da!

So von sich wegschauend und nur noch die Liebe Gottes vor sich, wird er hell und heiter, gelöst und gelassen, was seine Zukunft betrifft. Franziskus wirft alle Angst und Sorge um das eigene Heil von sich und birgt sich in das liebende Herz Gottes.

Anton Rotzetter

SONNENGESANG

Höchster, allmächtiger, gütiger Herr,
dein sind der Preis, die Herrlichkeit, die Ehre und jeglicher Segen:
Dir allein, Höchster, gebühren sie,
und der Menschen keiner ist würdig, dich zu nennen.

Gelobt seist du, mein Herr, mit allen deinen Geschöpfen,
vornehmlich mit unserem Bruder, der Sonne:
Er schaffet den Tag und schenkt uns durch ihn das Licht.
Schön ist er und strahlt in großem Glanze,
und von dir, Höchster, ist er ein Gleichnis.

Gelobt seist du, mein Herr, durch unseren Bruder, den Wind,
durch Luft, Wolken und Wetter, heiteres und trübes,
durch welche du deine Geschöpfe erhältst.

Gelobt seist du, mein Herr, durch unsere Schwester, das Wasser:
Gar nützlich ist sie, demütig, köstlich und keusch.

Gelobt seist du, mein Herr, durch unseren Bruder, das Feuer,
durch den du die Nächte erleuchtest,
Schön ist er, heiter und kraftvoll und stark.

Gelobt seist du, mein Herr, durch unsere Schwester, die Mutter Erde,
die uns ernährt und erhält
und viele Früchte uns schenkt und bunte Blumen und Kräuter.

Gelobt seist du, mein Herr, durch die, welche verzeihen aus Liebe zu dir,
die Krankheit ertragen und Not.
Selig die, welche dulden in Frieden,
denn sie werden, Höchster, von dir die Kronen empfangen.

Franz von Assisi

LITERATURVERZEICHNIS

Anzenberger, Toni, und Honsal, Claudio: Pecorino und die Kunst des Pilgerns. Ein Hund geht den Franziskusweg. St. Pölten/Salzburg: Residenz, 2011

Bahr, Hans-Eckehard: Mit dem Wolf leben. Der Mann aus Assisi. Stuttgart: Kreuz, 1992

Basile, Giuseppe: Das Leben des Franz von Assisi in Fresken von Giotto. Aus d. Ital. übertr. v. Martin Hirschboeck. Mit einer Einführung versehen von Anton Rotzetter. Freiburg/Basel/Wien: Herder, 1998

Clasen, Sophronicus (Hg.): Franziskus, Engel des sechsten Siegels. Sein Leben nach den Schriften des heiligen Bonaventura. Werl: Dietrich Coelde, 1962 (= Franziskanische Quellenschriften, hg. von den deutschen Franziskanern, Band 7)

Dieterich, Veit-Jakobus: Franz von Assisi. Hamburg: Rowohlt, 1995 (Rowohlts Monographien, Band 42)

Doderer, Heimito von: Seraphica (Franziscus von Assisi). Montefal (Eine aventure). Zwei Erzählungen aus dem Nachlaß. Hg. v. Martin Brinkmann und Gerald Sommer. Mit einem Nachwort von Martin Brinkmann. München: C. H. Beck, 2009

Fioretti. Legenden um Franz von Assisi in Bild und Text. Mit einer Einführung und Kommentaren von Anton Rotzetter. Freiburg: Paulusverlag, 2002

Freemann, Gerard Pieter: Franziskus, ein Sohn Umbriens. Ein Reisebegleiter zu franziskanischen Stätten. Werl: Dietrich-Coelde-Verlag, 1998

Grün, Anselm: Auf dem Wege. Zu einer Geologie des Wanderns. 11. Aufl. Münsterschwarzach: Vier Türme, 2008 (Münsterschwarzacher Kleinschriften, hg. von den Mönchen der Abtei Münsterschwarzach, Band 22)

Henke, Georg, und Sander, Julia: Umbrien und die Marken. 3., komplett aktualisierte Aufl. 2006. Bielefeld: Reise Know How, 2009

Hennig, Christoph: Latium. Das Land um Rom. Klöster und Villen, Kirchen und Gräberstädte, mittelalterliche Orte und arkadische Landschaften. Köln: DuMont, 1989 (DuMont-Kunst-Reiseführer)

Hesse, Hermann: Franz von Assisi. Mit Fresken von Giotto und einem Essay von Fritz Wagner. 8. Aufl. Frankfurt am Main: Insel, 2005 (Insel Taschenbuch, Band 1069)

Holl, Adolf: Der letzte Christ. Franz von Assisi. Stuttgart: Deutsche Verlagsanstalt, 1979

Kazantzakis, Nikos: Mein Franz von Assisi. Roman. Frankfurt am Main: Ullstein, 1990

Laskowski, Birgit: Piero della Francesca. 1416/17–1492. Köln: Könemann, 1998

Ochsenkühn, Simone und Anton: Leben atmen – Wegbeschreibung. Der Pilgerweg für alle Sinne – Von Florenz über Assisi nach Rom. Obergriesbach: Amac-Buch, 2010

Reblin, Klaus: Franziskus von Assisi. Der rebellische Bruder. Göttingen: Vandenhoeck & Ruprecht, 2006

Rinser, Luise: Bruder Feuer. Stuttgart: Thienemann, 2001

Rodenburg, Kees: Italien: Franziskusweg. 3., aktualisierte Aufl. Conrad Stein Verlag, 2011 (outdoor Handbuch, Band 186)

Rotzetter, Anton, und Bernet, Elisabeth: Latium, Umbrien, Toskana. Wanderungen auf den Spuren des Franz von Assisi. Frankfurt am Main: Knecht, 1998

Rotzetter, Anton, und Toni Schneiders: Franz von Assisi. Eine Bildbiografie. Freiburg/Basel/Wien: Herder, 1993

Rotzetter, Anton, und Hug, Elisabeth: Franz von Assisi. Gotteserfahrung und Weg in die Welt. Olten: Walter, 1984

Schmid, Marcus X.: Umbrien. 3., komplett aktualisierte Aufl. Erlangen: Michael Müller Verlag, 2007

Seracchioli, Angela Maria: Der Franziskusweg von La Verna über Gubbio und Assisi bis Rieti. Auf den Spuren des Franz von Assisi. Aus dem ital. übers. v. Gabriele Stein. Bearb. u. erg. v. Klaus Gasperi. 2., aktualisierte Aufl. Innsbruck/Wien: Tyrolia, 2010

Steindl-Rast, David: Perlen der Weisheit. Hg. von Ulla Bohn. Freiburg/Basel/Wien: Herder, 2010 (Herder Spektrum, Band 6211)

Walter, Ingeborg: Piero della Francesca. Madonna del parto. Ein Kunstwerk zwischen Politik und Devotion. Frankfurt am Main: Fischer, 1992 (= kunststück)

Wolf, Norbert: Giotto di Bondone. 1267–1337. Die Erneuerung der Malerei. Köln: Taschen, 2006

Zimmermann, Klaus: Umbrien. Städte, Kirchen und Klöster im grünen Herzen Italiens: Assisi, Perugia, Orvieto, Spoleto, Gubbio, Todi. Köln: DuMont, 2000 (DuMont Kunstreiseführer)

Zimmermann, Klaus: Toskana. Das Hügelland und die historischen Stadtzentren. 5., aktualisierte Aufl. Köln: DuMont, 2004 (DuMont Kunstreiseführer)

PRAKTISCHE INFORMATIONEN / WEBSITES

Franziskuswege:
www.franziskusweg.eu – Website zum Wanderführer, dem diese Wegvariante folgt
www.diquipassofrancesco.it – Website Angela Seracchiolis – unter „elenco accoglienze“ sind Unterkünfte samt Kontaktdaten gelistet
www.camminodiassisi.it – tw. deckend mit dem hier beschriebenen Weg, listet Unterkünfte
www.caigubbio.it/francescano – der Friedensweg zwischen Gubbio und Assisi
www.camminofrancesco.it – verbindet die Klöster im Rietital
www.viafrancigenadisanfrancesco.com – Fortsetzung des Weges vom Rietital nach Rom

Touristische Informationen:
www.italia.it – offizielle Website des italienischen Fremdenverkehrs
www.deutsche.regioneumbria.eu – zu Umbrien
www.regioneumbria.eu – zu Umbrien
www.regione.toscana.it – zur Toskana
www.regione.lazio.it – zu Latium

Webcams: www.webcamgalore.com/DE/Italien
Wetter: www.wetter.info

Alberto Burri: www.fondazioneburri.org (dessen Ausstellungen in Città di Castello)
Della Robbia: www.mostradellarobbia.it (über die Keramikerdynastie im 15./16. Jh.)
Piero della Francesca:
www.mostrapierodellafrancesca.it/de – seine Werke in Arezzo, Sansepolcro, Monterchi
www.comunemonterchi.it – Museo della Madonna del Parto in Monterchi
www.museocivicosansepolcro.it – Museo Civico Sansepolcro
www.fondazionepierodellafrancesca.it – Haus des Renaissancekünstlers in Sansepolcro

Tyrolia-Verlag: www.tyrolia-verlag.at
Eva Gruber: www.eva-gruber.com
Anton Rotzetter: www.kapuziner.org (mit Info zu Pilgerreisen), rotzetter@bluewin.ch

Assisi:
Kloster der Deutschen Schwestern: www.santacroceassisi.com
Deutschsprachige Führungen durch San Francesco: Bruder Thomas Freidel (Anmeldungen: assisi@franziskaner-minoriten.de; Mobiltelefon 0039 3922 831 10 99)
Franziskanisches Archiv: www.franciscan-archive.org
Franziskaner Umbriens: www.assisiofm.org
Sonnengesang (älteste Handschrift im Sacro Convento): http://88.48.84.154/bbw/jsp/images/ViewImage.jsp?id_image=11720674552020

DANK FÜR PUBLIKATIONSGENEHMIGUNG

Mein herzlicher Dank gilt Botschafter Eugenio d'Auria, Ambasciata d'Italia, Wien, und Dott. Fabrizio Iurlano, Istituto Italiano di Cultura, Wien. Ihre Empfehlungen öffneten viele Türen.

Für die Foto- & Abdruckgenehmigung bedanke ich mich insbesondere bei:

Arezzo:
La Casa Museo di Ivan Bruschi, La Fondazione Ivan Bruschi, www.fondazionebruschi.it

Pieve Santo Stefano:
Fondazione Archivio Diaristico Nazionale, www.archiviodiari.it

Monterchi:
Museo della Madonna del Parto in Monterchi

Città di Castello:
Museo del Duomo, www.museoduomocdc.it
Il Laboratorio Tela Umbra, www.telaumbra.com

Gubbio:
Kirche *Santa Maria Nuova* (Ottaviano Nellis Fresko *Madonna del Belvedere)*

Assisi:
Sacro Convento: Biblioteca, www.istitutoteologicoassisi.it/biblioteca
Sacro Convento: Archivio Fotografico della Basilica di San Francesco
Protomonastero S. Chiara, Assisi

San Damiano und *Santa Maria degli Angeli:*
Provincia Serafica di S. Francesco Frati Minori dell'Umbria, www.assisiofm.it

Trevi:
Complesso Museale di San Francesco

Eremo La Romita di Cesi:
Fra Bernardino, www.la-romita.net

und den Pilgern: Elisabetta Baldrati (I), Sieglinde & Richard Blöchinger (D), Jeannette Gosteli (D), Therese & Konrad Graf (D), Jeanne und José (NL), Elisabetta Iacovone, Franz Pickl (A), Giordano Posati (I), Franz Sattmann (A), Fred und Monika Sattmann (A), Pater Anton Rotzetter und die mit ihm reisende Pilgergruppe (CH), Enrico Vasi (I), Katharina & Harald Wittmer (D)

VIELEN DANK

meiner Mutter *Gritli Gruber*. Sie könnte an ihren eigenen Abenteuern nicht mehr Anteil nehmen als an meinen und war mir auch auf dieser Reise und der Schreib-Zeit danach auf jede erdenkliche Weise behilflich,

meinem Vater *Naz Gruber*. Er hat meine Unternehmungen immer mit größter Kompetenz unterstützt. Während der heurigen Schreibarbeit hat er mir bei einer wichtigen Sache unersetzliche Hilfe geleistet,

meinem Partner *Christian Schneider*. Seine Einstellung zu meinen Aktivitäten könnte nicht großherziger und seine vielen, verschiedenartigen Unterstützungen nicht liebevoller sein.

Bildlegenden:
Seite 1: Eremo delle Carceri | Seite 7: Bronzeskulptur des heiligen Franziskus, Eremo delle Carceri | Seite 9: Franziskusstatue, Montecasale

IMPRESSUM

Alle Angaben in diesem Buch wurden sorgfältig recherchiert und erfolgen nach bestem Wissen und Gewissen der Autorin. Sollten Sie trotzdem Unstimmigkeiten entdecken, nehmen Autor und Verlag gern Verbesserungsvorschläge und Korrekturhinweise entgegen. Die Benutzung dieses Buches geschieht auf eigenes Risiko. Eine Haftung für etwaige Unfälle und Schäden wird aus keinem Rechtsgrund übernommen.

Mitglied der Verlagsgruppe „engagement“

Bibliografische Information Der Deutschen Nationalbibliothek
Die Deutsche Nationalbibliothek verzeichnet diese Publikation in der Deutschen Nationalbibliografie; detaillierte bibliografische Daten sind im Internet über http://dnb.d-nb.de abrufbar.

2012

Buchgestaltung und Layout: Eva Gruber
Umschlag- und digitale Gestaltung: Verlagsanstalt Tyrolia, Innsbruck
Alle Abbildungen stammen von der Autorin
Kartografie: LS International, Mailand
Druck und Bindung: Gorenjski-Tisk, Slowenien
ISBN 978-3-7022-3167-5
E-Mail: buchverlag@tyrolia.at
Internet: www.tyrolia-verlag.at